suhrkamp taschenbuch
wissenschaft 2071

Der Band versammelt zwei Radiovorträge Michel Foucaults über »Den utopischen Körper« und »Die Heterotopien«, die im Dezember 1966 in der Sendung »Culture française« ausgestrahlt wurden. Sie gehören zu jenen raren Beispielen einer Theorie, die phänomengesättigt und beobachtungsreich neue Deutungsperspektiven eröffnet. Foucault beschäftigt sich in ihnen mit einer Frage, die sich als Basso continuo durch sein Werk zieht: Wie ist es möglich, anders zu denken?

Michel Foucault (1926–1984) hatte von 1970 an den Lehrstuhl für die Geschichte der Denksysteme am Collège de France in Paris inne. Zuletzt erschienen: *Die Macht der Psychiatrie* (2005), *Einführung in Kants Anthropologie* (2010) und *Schriften zur Medientheorie* (2012)

Michel Foucault

Die Heterotopien
Les hétérotopies
Der utopische Körper
Le corps utopique

Zwei Radiovorträge

Zweisprachige Ausgabe

Übersetzt von
Michael Bischoff
Mit einem Nachwort
von Daniel Defert

Suhrkamp

Die französische Fassung der beiden Radiovorträge
wurde zuerst als CD veröffentlicht:
INA, mémoire vive
Michel Foucault
Utopies et hétérotopies

6. Auflage 2025

Erste Auflage 2013
suhrkamp taschenbuch wissenschaft 2071

Umschlag nach Entwürfen
von Willy Fleckhaus und Rolf Staudt
Druck und Bindung: C.H. Beck, Nördlingen
Printed in Germany
ISBN 978-3-518-29671-4

Suhrkamp Verlag AG
Torstraße 44, 10119 Berlin
info@suhrkamp.de
www.suhrkamp.de

Inhalt

Michel Foucault
Die Heterotopien

France Culture
7. Dezember 1966

Es gibt also Länder ohne Ort und Geschichten ohne Chronologie. Es gibt Städte, Planeten, Kontinente, Universen, die man auf keiner Karte und auch nirgendwo am Himmel finden könnte, und zwar einfach deshalb, weil sie keinem Raum angehören. Diese Städte, Kontinente und Planeten sind natürlich, wie man so sagt, im Kopf der Menschen entstanden oder eigentlich im Zwischenraum zwischen ihren Worten, in den Tiefenschichten ihrer Erzählungen oder auch am ortlosen Ort ihrer Träume, in der Leere ihrer Herzen, kurz gesagt, in den angenehmen Gefilden der Utopien. Dennoch glaube ich, dass es – in allen Gesellschaften – Utopien gibt, die einen genau bestimmbaren, realen, auf der Karte zu findenden Ort besitzen und auch eine genau bestimmbare Zeit, die sich nach dem alltäglichen Kalender festlegen und messen lässt. Wahrscheinlich schneidet jede menschliche Gruppe aus dem Raum, den sie besetzt hält, in dem sie wirklich lebt und arbeitet, utopische Orte aus und aus der Zeit, in der sie ihre Aktivitäten entwickelt, uchronische Augenblicke.

Damit möchte ich Folgendes sagen. Wir leben nicht in einem leeren, neutralen Raum. Wir leben, wir sterben und wir lieben nicht auf einem rechteckigen Blatt Papier. Wir leben, wir sterben und wir lieben in einem gegliederten, vielfach unterteilten Raum mit hellen und dunklen Bereichen, mit unterschiedlichen Ebenen, Stufen, Vertiefungen und Vorsprüngen, mit harten und mit weichen, leicht zu durchdringenden, porösen Gebieten. Es gibt Durchgangszonen wie Straßen, Eisenbahnzüge oder Untergrundbahnen. Es gibt offene Ruheplätze wie Cafés, Kinos, Strände oder Hotels. Und es gibt schließlich geschlossene Bereiche der Ruhe und des Zuhause. Unter all diesen verschiedenen Orten gibt es nun solche, die vollkommen anders sind als die übrigen. Orte, die sich allen anderen widersetzen und sie in gewisser Weise sogar auslöschen, ersetzen, neutralisieren oder reinigen sollen. Es sind gleichsam Gegenräume. Die Kinder kennen solche Gegenräume, solche lokalisierten Utopien, sehr genau. Das ist natürlich der Garten. Das ist der Dachboden oder eher noch das Indianerzelt auf dem Dachboden. Und das ist – am Donnerstagnachmittag – das Ehebett der Eltern. Auf diesem Bett entdeckt man das Meer, weil man zwischen den Decken schwimmen kann. Aber das Bett ist auch der Himmel, weil man auf den Federn springen kann. Es ist der Wald, weil man sich darin versteckt. Es ist die Nacht, weil man unter den Laken zum Geist wird. Und es ist schließlich die Lust, denn wenn die Eltern zurückkommen, wird man bestraft werden.

Diese Gegenräume haben eigentlich nicht allein die Kinder erfunden, denn ich glaube, Kinder erfinden nie etwas. Vielmehr haben die Erwachsenen die Kinder erfunden und ihnen ihre wunderbaren Geheimnisse ins Ohr geflüstert, und dann wundern diese Erwachsenen sich, wenn die Kinder sie herausposaunen. Die erwachsene Gesellschaft hat lange vor den Kindern ihre eigenen Gegenräume erfunden, diese lokalisierten Orte, diese realen Orte jenseits aller Orte. Zum Beispiel Gärten, Friedhöfe, Irrenanstalten, Bordelle, Gefängnisse, die Dörfer des Club Méditerranée und viele andere.

Ich träume nun von einer Wissenschaft – und ich sage ausdrücklich Wissenschaft –, deren Gegenstand diese verschiedenen Räume wären, diese anderen Orte, diese mythischen oder realen Negationen des Raumes, in dem wir leben. Diese Wissenschaft erforschte nicht die Utopien, denn wir sollten diese Bezeichnung nur Dingen vorbehalten, die tatsächlich keinen Ort haben, sondern die Heterotopien, die vollkommen anderen Räume. Und ganz folgerichtig hieße und heißt die Wissenschaft Heterotopologie. Diese gerade in der Entstehung begriffene Wissenschaft möchte ich hier in ihren allerersten Umrissen skizzieren.

Erster Grundsatz: Es gibt wahrscheinlich keine Gesellschaft, die sich nicht ihre Heterotopie oder ihre Heterotopien schüfe. Hier handelt es sich ohne Zweifel um eine Konstante aller menschlichen Gruppen. Aber in Wirklichkeit können die Heterotopien äußerst vielfältige Formen annehmen und tun dies auch. Wahrscheinlich gibt es auf der ganzen Erde und in der ganzen Weltgeschichte keine einzige Heterotopie, die konstant geblieben wäre. Man könnte die Gesellschaften möglicherweise nach den Heterotopien einteilen, die sie bevorzugen und die sie hervorbringen. So besitzen die sogenannten primitiven Gesellschaften privilegierte oder heilige oder verbotene Orte, wie man sie übrigens auch noch bei uns finden kann. Doch diese privilegierten oder heiligen Orte sind in der Regel Menschen vorbehalten, die sich in einer biologischen Krisensituation befinden. So gibt es spezielle Häuser für Jugendliche in der Pubertät, für Frauen während der Regelblutung oder auch für Frauen während der Niederkunft. In unserer Gesellschaft sind solche Heterotopien für Menschen in biologischen Krisensituationen kaum noch zu finden. Aber noch im 19. Jahrhundert übernahmen gesonderte Schulen für Jungen und auch der Militärdienst diese Aufgabe. Die ersten Äußerungen männlicher Sexualität sollten nicht in der Familie, sondern anderswo erfolgen. Und ich frage mich, ob nicht für junge Frauen die Hochzeitsreise als Heterotopie und zugleich auch als Heterochronie diente. Die Defloration der jungen Frau sollte nicht in ihrem Geburtshaus geschehen, sondern gleichsam in einem Nirgendwo.

Doch solche biologischen Heterotopien, solche Krisenheterotopien sind nach und nach verschwunden und durch Abweichungsheterotopien ersetzt worden. Das heißt, die Orte, welche die Gesellschaft an ihren Rändern unterhält, an den leeren Stränden, die sie umgeben, sind eher für Menschen gedacht, die sich im Hinblick auf den Durchschnitt oder die geforderte Norm abweichend verhalten. Man denke etwa an Sanatorien, an psychiatrische Anstalten und sicher auch an Gefängnisse. Und auch die Altersheime wären hier zu nennen, denn in einer so beschäftigten Gesellschaft wie der unsrigen ist Nichtstun fast schon abweichendes Verhalten. Eine Abweichung, die als biologisch bedingt gelten muss, wenn sie dem Alter geschuldet ist, und dann ist sie tatsächlich eine Konstante, zumindest für alle, die nicht den Anstand besitzen, in den ersten drei Wochen nach der Pensionierung an einem Herzinfarkt zu sterben.

Zweiter Grundsatz der heterotopologischen Wissenschaft: Im Laufe ihrer Geschichte kann jede Gesellschaft ohne weiteres bereits geschaffene Heterotopien wieder auflösen und zum Verschwinden bringen oder neue Heterotopien schaffen. So bemüht man sich seit gut zwei Jahrzehnten in den meisten europäischen Ländern, die Bordelle abzuschaffen, bekanntlich mit mäßigem Erfolg, denn das Telefon hat an die Stelle der alten Bordelle ein weitaus feineres Netz treten lassen. Umgekehrt hat der Friedhof, der nach unserem heutigen Empfinden das offenkundigste Beispiel einer Heterotopie darstellt (der Friedhof ist der absolut andere Ort), diese Rolle in der westlichen Kultur keineswegs immer schon gespielt. Bis ins 18. Jahrhundert hinein bildete er das Herz der Stadt und lag mitten im Stadtzentrum, gleich neben der Kirche. Aber man maß ihm keinerlei feierliche Bedeutung bei. Abgesehen von einigen wenigen, war es das gemeinsame Schicksal der Toten, ohne Rücksicht auf die einzelne Leiche in ein Massengrab geworfen zu werden. Seltsamerweise begann man genau zu der Zeit, als unsere Kultur atheistisch oder zumindest atheistischer wurde, also Ende des 18. Jahrhunderts, den Knochen individuelle Bedeutung einzuräumen. Nun hatte jeder Anrecht auf seine eigene kleine Kiste und seine ganz persönliche Verwesung. Andererseits schaffte man all diese Skelette, all die kleinen Kisten, die Särge und Gräber, die Friedhöfe aus dem Weg. Man brachte sie aus der Stadt heraus, verlegte sie an den Rand der Stadt, als handelte es sich um ein Zentrum und zugleich um einen Ansteckungsherd, an dem man sich gleichsam mit dem Tod infizieren konnte. Aber das alles geschah erst im 19. Jahrhundert und auch dort erst während des Zweiten Kaiserreichs. Erst unter Napoléon III. wurden die großen Pariser Friedhöfe an den Stadtrand verlegt. Hier wären auch die Friedhöfe für Opfer der Tuberkulose zu nennen – gewissermaßen eine überdeterminierte Heterotopie. Ich denke etwa an den wunderschönen Friedhof von Menton, in dem die großen Tuberkulosekranken beerdigt wurden, die Ende des 19. Jahrhunderts an die Côte d'Azur kamen, um dort zu sterben und begraben zu werden – eine weitere Heterotopie.

In aller Regel bringen Heterotopien an ein und demselben Ort mehrere Räume zusammen, die eigentlich unvereinbar sind. So bringt das Theater auf dem Rechteck der Bühne nacheinander eine ganze Reihe von Orten zur Darstellung, die sich gänzlich fremd sind. Und das Kino ist ein großer rechteckiger Saal, an dessen Ende man auf eine zweidimensionale Leinwand einen dreidimensionalen Raum projiziert. Aber das älteste Beispiel einer Heterotopie dürfte der Garten sein, eine jahrtausendealte Schöpfung, die im Orient ohne Zweifel magische Bedeutung besaß. Der traditionelle Garten der Perser war ein Rechteck, das in vier Teile unterteilt war – für die vier Elemente, aus denen die Welt bestand. In der Mitte, am Kreuzungspunkt der vier Teile, befand sich ein heiliger Raum: ein Springbrunnen oder ein Tempel. Um diesen Mittelpunkt herum war die Pflanzenwelt angeordnet, die gesamte Vegetation der Welt, beispielhaft und vollkommen. Bedenkt man nun, dass die Orientteppiche ursprünglich Abbildungen von Gärten waren – also buchstäblich »Wintergärten« –, wird auch die Bedeutung der legendären fliegenden Teppiche verständlich, der Teppiche, die durch die Welt flogen. Der Garten ist ein Teppich, auf dem die ganze Welt zu symbolischer Vollkommenheit gelangt, und zugleich ist er ein Garten, der sich durch den Raum bewegen kann. War es ein Park oder ein Teppich, den der Erzähler von Tausendundeine Nacht beschrieb? Wir sehen, dass alle Schönheit der Welt in diesem Spiegel versammelt ist. Der Garten ist seit der frühesten Antike ein Ort der Utopie. Wenn man den Eindruck hat, Romane ließen sich leicht in Gärten ansiedeln, so liegt das daran, dass der Roman zweifellos aus der Institution der Gärten entstanden ist. Das Schreiben von Romanen ist eine gärtnerische Tätigkeit.

Es zeigt sich, dass Heterotopien oft in Verbindung mit besonderen zeitlichen Brüchen stehen. Sie sind, wenn man so will, mit den Heterochronien verwandt. So ist der Friedhof der Ort einer Zeit, die nicht mehr fließt. Ganz allgemein kann man sagen, in einer Gesellschaft wie der unsrigen gibt es Heterotopien, die man insofern als Heterotopien der Zeit bezeichnen kann, als sie Dinge bis ins Unendliche ansammeln, zum Beispiel Museen und Bibliotheken. Im 17. und 18. Jahrhundert waren Museen und Bibliotheken ganz eigentümliche Einrichtungen, weil sie Ausdruck des jeweiligen Geschmacks waren. Die Idee, alles zu sammeln und damit gleichsam die Zeit anzuhalten oder sie vielmehr bis ins Unendliche in einem besonderen Raum zu deponieren; die Idee, das allgemeine Archiv einer Kultur zu schaffen; der Wunsch, alle Zeiten, alle Epochen, alle Formen und Geschmacksrichtungen an einem Ort einzuschließen; die Idee, einen Raum aller Zeiten zu schaffen, als könnte dieser Raum selbst endgültig außerhalb der Zeit stehen, diese Idee ist ein ganz und gar moderner Gedanke. Museum und Bibliothek sind eigentümliche Heterotopien unserer Kultur.

Umgekehrt gibt es Heterotopien, die nicht im Modus der Ewigkeit, sondern in dem des Festes mit der Zeit verbunden sind: nicht ewigkeitsorientierte, sondern zeitweilige Heterotopien. Dazu gehört ganz sicher das Theater, aber auch der Jahrmarkt, dieser wunderbare leere Platz am Rande der Stadt und zuweilen auch in deren Zentrum, der sich ein oder zwei Mal im Jahr mit Buden, Ständen,

den unterschiedlichsten Gegenständen, mit Faustkämpfern, Schlangenfrauen und Wahrsagerinnen füllt. Eine jüngere Erscheinung in der Geschichte unserer Kultur sind die Feriendörfer. Ich denke da vor allem an die wunderbaren polynesischen Dörfer an den Küsten des Mittelmeers, die den Bewohnern unserer Städte drei kurze Wochen ständiger ursprünglicher Nacktheit bieten. Die Strohhütten von Djerba etwa haben eine gewisse Verwandtschaft mit Bibliotheken und Museen, da es sich um Ewigkeitsheterotopien handelt – man lädt die Menschen ein, an die älteste Tradition der Menschheit anzuknüpfen –, und zugleich sind sie die Negation jeder Bibliothek und jedes Museums, denn es geht nicht darum, auf diesem Wege Zeit anzusammeln, sondern im Gegenteil, sie auszulöschen, um zur Nacktheit und Unschuld des Sündenfalls zurückzukehren. Es gibt oder vielmehr gab unter diesen Heterotopien des Fests, diesen zeitweiligen Heterotopien, auch das allabendliche Fest in den Freudenhäusern, das um sechs Uhr abends begann, wie in *Die Dirne Elisa* geschildert.

Andere Heterotopien sind nicht mit dem Fest verbunden, sondern mit dem Übergang, der Verwandlung, den Mühen der Fortpflanzung. Im 19. Jahrhundert waren das etwa die Gymnasien und Kasernen, die aus Kindern Erwachsene, aus Dörflern Staatsbürger, aus Naiven aufgeklärte Menschen machen sollten. Und heute wäre vor allem das Gefängnis zu nennen.

Als fünften und letzten Grundsatz der Heterotopologie möchte ich die Tatsache anführen, dass Heterotopien stets ein System der Öffnung und Abschließung besitzen, welches sie von der Umgebung isoliert. Einen heterotopen Ort betritt man nicht wie eine Mühle. Entweder wird man dazu gezwungen (das gilt natürlich für das Gefängnis), oder man muss Eingangs- und Reinigungsrituale absolvieren. Es gibt sogar Heterotopien, die ganz der Reinigung dienen, einer halb religiösen, halb hygienischen Reinigung wie im Fall des muslimischen Hammam oder einer scheinbar ausschließlich hygienischen Reinigung wie im Fall der skandinavischen Sauna, die jedoch gleichfalls mit allerlei religiösen und naturistischen Bedeutungen aufgeladen ist.
Andere Heterotopien sind gegen die Außenwelt vollkommen abgeschlossen, aber zugleich auch völlig offen. Jeder hat Zutritt, doch wenn man eingetreten ist, stellt man fest, dass man einer Illusion aufgesessen und in Wirklichkeit nirgendwo eingetreten ist. Die Heterotopie ist ein offener Ort, der uns jedoch immer nur draußen lässt. So gab es im 18. Jahrhundert in südamerikanischen Häusern neben oder eigentlich vor der Eingangstür eine kleine Kammer, die direkt von außen erreichbar und für durchreisende Besucher bestimmt war. Das heißt, jeder konnte zu jeder Tages- oder Nachtzeit in diese Kammer kommen, dort schlafen und tun, was ihm beliebte, und am Morgen wieder abreisen, ohne von irgendjemandem gesehen oder erkannt zu werden. Doch da es von dieser Kammer kei-

nen Zugang zum eigentlichen Haus gab, konnte der dort empfangene Gast nicht in das Heim der Familie eindringen. Die Kammer war eine gänzlich äußere Heterotopie. Man könnte sie mit den amerikanischen Motels vergleichen, in die man mit dem Auto und mit seiner Geliebten fährt. Sie bieten ungesetzlicher Sexualität besten Unterschlupf, sorgen aber zugleich dafür, dass man sie im Geheimen und abseits praktizieren kann, ohne deshalb im Freien bleiben zu müssen.

Schließlich gibt es noch Heterotopien, die offen zu sein scheinen, aber zu denen nur bereits Eingeweihte Zutritt haben. Man meint, Zugang zum Einfachsten und Offensten zu finden, doch in Wirklichkeit ist man mitten im Geheimnis. So zumindest betrat einst Aragon Freudenhäuser: »Noch heute trete ich nicht ohne eine gewisse schülerhafte Emotion über diese Schwellen besonderer Erregbarkeit. Dort folge ich dem großen abstrakten Begehren, das sich zuweilen in einigen Figuren abzeichnet, welche ich einst geliebt habe. Eine gewisse Inbrunst entfaltet sich. Keinen Augenblick denke ich an die soziale Seite der Orte. Den Ausdruck *maison de tolérance* [Freudenhaus] kann man unmöglich ernsthaft aussprechen.«

Hier stoßen wir zweifellos auf das eigentliche Wesen der Heterotopien. Sie stellen alle anderen Räume in Frage, und zwar auf zweierlei Weise: entweder wie in den Freudenhäusern, von denen Aragon sprach, indem sie eine Illusion schaffen, welche die gesamte übrige Realität als Illusion entlarvt, oder indem sie ganz real einen anderen realen Raum schaffen, der im Gegensatz zur wirren Unordnung unseres Raumes eine vollkommene Ordnung aufweist. Diese Funktion hatten zumindest dem Plan nach zu bestimmten Zeiten, vor allem im 18. Jahrhundert, die Kolonien. Natürlich brachten die Kolonien großen wirtschaftlichen Nutzen, doch man verband auch imaginäre Werte mit ihnen, und ohne Zweifel verdankten diese Werte sich dem Ansehen der Heterotopien. So versuchten die puritanischen Gemeinschaften Englands im 17. und 18. Jahrhundert, in Amerika absolut vollkommene Gesellschaften zu gründen. Und noch Ende des 19. bis Anfang des 20. Jahrhunderts träumten Lyautey und seine Nachfolger in den französischen Kolonien von militärischen, hierarchisch geordneten Gesellschaften. Das außergewöhnlichste Beispiel ist der Versuch, den die Jesuiten in Paraguay unternahmen. Sie gründeten dort eine großartige Kolonie, in der das ganze Leben reglementiert war. Es herrschte ein vollkommener Kommunismus, Boden und Vieh gehörten allen gemeinsam. Nur einen kleinen Garten durfte jede Familie besitzen. Die Häuser standen an zwei Straßen, die einander in rechtem Winkel kreuzten. An der Stirnseite des Dorfplatzes stand die Kirche, an der einen Längsseite die Schule, an der anderen das Gefängnis. Die Jesuiten reglementierten das Leben der Kolonisten von abends bis morgens und von morgens bis abends peinlich genau. Um fünf Uhr morgens weckte die Glocke das Dorf. Sie markierte den Beginn der Arbeit, mittags rief sie die Männer und Frauen, die auf den Feldern arbeiteten,

ins Dorf zurück. Um sechs Uhr aß man gemeinsam zu Abend. Und um Mitternacht läutete man die so genannte »Eheglocke«, denn da die Jesuiten wünschten, dass die Kolonisten sich fortpflanzten, ließen sie um Mitternacht leise die Glocke ertönen, damit die Bevölkerung wuchs. Das tat sie denn auch. Von 130 000 Indios in der Anfangszeit der Jesuitenkolonie wuchs sie bis Mitte des 18. Jahrhunderts auf 400 000. Hier haben wir ein Beispiel für eine vollkommen in sich geschlossene Gesellschaft, die keinerlei Verbindung zur übrigen Welt hatte außer dem Handel und den beträchtlichen Gewinnen der Societas Jesu.
In der Kolonie haben wir eine Heterotopie, die gleichsam naiv genug ist, eine Illusion verwirklichen zu wollen. Im Freudenhaus haben wir dagegen eine Heterotopie, die subtil und geschickt genug ist, die Wirklichkeit allein durch die Kraft der Illusion zerstreuen zu wollen. Und bedenkt man, dass Schiffe, die großen Schiffe des 19. Jahrhunderts, ein Stück schwimmender Raum sind, Orte ohne Ort, ganz auf sich selbst angewiesen, in sich geschlossen und zugleich dem endlosen Meer ausgeliefert, die von Hafen zu Hafen, von Wache zu Wache, von Freudenhaus zu Freudenhaus bis in die Kolonien fahren, um das Kostbarste zu holen, was die eben beschriebenen Gärten zu bieten haben, dann wird deutlich, warum das Schiff für unsere Zivilisation zumindest seit dem 16. Jahrhundert nicht nur das wichtigste Instrument zur wirtschaftlichen Entwicklung gewesen ist, sondern auch das größte Reservoir für die Fantasie. Das Schiff ist die Heterotopie

par excellence. Zivilisationen, die keine Schiffe besitzen, sind wie Kinder, deren Eltern kein Ehebett haben, auf dem sie spielen können. Dann versiegen ihre Träume. An die Stelle des Abenteuers tritt dort die Bespitzelung und an die Stelle der glanzvollen Freibeuter die häßliche Polizei.

Michel Foucault
Der utopische Körper

France Culture

21. Dezember 1966

Jenem Ort, den Proust bei jedem Erwachen vorsichtig und ängstlich aufs Neue besetzt, vermag ich nicht zu entkommen, wenn ich die Augen erst geöffnet habe. Nicht daß er mich an einem bestimmten Platz festhielte. Schließlich kann ich mich nicht nur bewegen und fortbewegen, ich kann auch ihn bewegen, ich kann ihn fortbewegen und verlagern. Aber ich kann mich nicht ohne ihn fortbewegen. Ich kann ihn nicht dort zurücklassen, wo er ist, und selbst an einen anderen Ort gehen. Ich könnte bis ans Ende der Welt laufen, ich könnte mich morgens unter der Decke verkriechen, ich könnte mich so klein machen, wie ich wollte, ich könnte mich an den Strand legen und in der Sonne schmelzen, er wäre immer dort, wo ich bin. Er ist ganz unausweichlich immer hier und niemals anderswo. Mein Körper ist das genaue Gegenteil einer Utopie, er ist niemals unter einem anderen Himmel, er ist der absolute Ort, das kleine Stück Raum, mit dem ich buchstäblich eins bin.

Mein Körper ist eine gnadenlose Topie. Und wenn ich nun das Glück hätte, mit ihm wie mit einem Schatten zu leben? Wie mit alltäglichen Dingen, die ich gar nicht mehr wahrnehme, weil das Leben sie hat eintönig werden lassen? Wie mit diesen Schornsteinen und Dächern, die sich abends vor meinem Fenster aneinander reihen? Aber jeden Morgen dieselbe Erscheinung, dieselbe Verletzung. Vor meinen Augen zeichnet sich unausweichlich das Bild ab, das der Spiegel mir aufzwingt: mageres Gesicht, gebeugte Schultern, kurzsichtiger Blick, keine Haare mehr, wirklich nicht schön. Und in dieser hässlichen Schale meines Kopfes, in diesem Käfig, den ich nicht mag, muss ich mich nun zeigen. Durch dieses Gitter muss ich reden, blicken und mich ansehen lassen. In dieser Haut muss ich dahinvegetieren. Mein Körper ist der Ort, von dem es kein Entrinnen gibt, an den ich verdammt bin. Ich glaube, alle Utopien sind letztlich gegen ihn geschaffen worden, um ihn zum Verschwinden zu bringen. Worauf beruht denn das Ansehen, die Schönheit, die Faszination der Utopie? Die Utopie ist ein Ort jenseits aller Orte, aber ein Ort, an dem ich einen körperlosen Körper hätte, einen Körper, der schön, rein, durchsichtig, leuchtend, gewandt, unendlich kraftvoll, von grenzenloser Dauer, von allen Fesseln frei, unsichtbar, geschützt und in ständiger Umwandlung begriffen wäre. Es könnte durchaus sein, dass die allererste und unausrottbarste Utopie die eines körperlosen Körpers war. Das Land der Feen, das Land der Kobolde, der Geister, der Zauberer ist das Land, in dem der Körper sich mit Lichtgeschwindigkeit bewegt, es ist das Land, in dem Wunden mit einem Zauberstab blitzschnell geheilt werden, es ist das Land, in dem man von einem hohen Berg stürzen kann und dennoch heil unten ankommt, es ist das Land, in dem man sichtbar ist, wenn man mag, und unsichtbar, wenn man es will. Wenn es ein Märchenland gibt, so ganz sicher damit ich dort der reizende Prinz sein kann und all die

Schönlinge so hässlich und haarig werden wie Zottelbären.
Es gibt jedoch auch eine Utopie, die den Körper zum Verschwinden bringen soll. Diese Utopie ist das Land der Toten. Es sind die großen utopischen Städte, die uns die ägyptische Kultur hinterlassen hat. Denn was ist eine Mumie anderes als die Utopie des negierten und verwandelten Körpers? Die Mumie ist der große utopische Körper, der die Zeit überdauert. Es gibt auch die Goldmaske, die man den verstorbenen Königen in der mykenischen Kultur auf das Gesicht legte: eine Utopie ihres glanzvollen, mächtigen, sonnengleichen Körpers, des Schreckens der Armeen. Es gibt seit dem Mittelalter auch Gemälde und Grabskulpturen, die Liegenden, die in ihrer Regungslosigkeit eine nun unvergängliche Jugend in alle Ewigkeit fortsetzen. Und heutzutage gibt es diese einfachen Marmorquader, in Stein geometrisierte Körper, regelmäßige weiße Figuren auf der großen schwarzen Tafel der Friedhöfe. In dieser utopischen Totenstadt erhält mein Körper die Festigkeit von Dingen und die ewige Dauer eines Gottes.
Doch die wohl hartnäckigste und mächtigste unter diesen Utopien, mit denen wir die traurige Topologie des Körpers auszulöschen versuchen, ist der große Mythos der Seele, aus dem sie seit den Anfängen der abendländischen Geschichte schöpfen. Die Seele funktioniert in meinem Körper auf wundersame Weise. Sie wohnt zwar darin, kann ihm aber auch entfliehen. Sie entflieht ihm, um die

Dinge durch die Fenster meiner Augen zu betrachten. Sie entflieht ihm, um zu träumen, während ich schlafe. Sie entflieht ihm, um weiterzuleben, wenn ich sterbe. Sie ist schön, meine Seele, sie ist rein, sie ist weiß. Und wenn mein schmutziger – oder jedenfalls nicht sehr sauberer – Körper sie beschmutzt hat, gibt es eine Kraft, eine Macht, eine Vielzahl heiliger Handlungen, die ihre ursprüngliche Reinheit wiederherstellen. Sie wird lange und sogar noch länger als lange Bestand haben, meine Seele, wenn mein alter Körper in Verwesung übergeht. Es lebe meine Seele! Sie ist mein leuchtender, gereinigter, tugendhafter, lebendiger, beweglicher, warmer, frischer Körper. Mein glatter, kastrierter Körper, rund wie ein Stück Seife.
Und siehe da, dank all dieser Utopien ist mein Körper verschwunden. Verschwunden wie eine Kerzenflamme, die gerade ausgeblasen worden ist. Die Seele, die Gräber, die Geister und Feen haben ihn gestohlen, haben ihn im Handumdrehen verschwinden lassen, haben über seine Schwere und seine Hässlichkeit gehaucht und ihn mir als etwas Strahlendes, Ewiges zurückgegeben.

Doch in Wirklichkeit lässt sich mein Körper nicht so leicht reduzieren. Schließlich besitzt auch er seine eigenen Quellen des Fantastischen. Auch er besitzt ortlose Orte. Solche, die noch tiefer verborgen und noch unzugänglicher sind als die Seele, das Grab oder der Zauber der Zauberer. Er hat seine Keller und Dachböden, seine dunklen Winkel, seine hellen Strände. Zum Beispiel mein Kopf.

Welch seltsame Höhle, die sich nach außen durch zwei Fenster öffnet, da bin ich mir ganz sicher, denn ich kann sie im Spiegel sehen. Und ich kann sie gesondert öffnen. Aber dennoch sind sie wie eine einzige Öffnung, denn ich sehe vor mir nur einzige Landschaft, beständig und ohne Unterbrechung oder Schnitt. Und was geschieht mit den Dingen in diesem Kopf? Sie lassen sich darin nieder. Sie kommen herein – die Dinge dringen in meinen Kopf ein, wenn ich schaue, da bin ich mir ganz sicher, denn wenn die Sonne zu stark ist und mich blendet, zerreißt es mich tief in meinem Hirn. Und dennoch bleiben die Dinge, die da in meinen Kopf eindringen, weiterhin draußen, denn ich sehe sie vor mir, und wenn ich sie erreichen will, muss ich zu ihnen hingehen.
Unverständlicher Körper, leicht zu durchdringender und opaker Körper, offener und geschlossener Körper. In gewissem Sinne ist er vollkommen sichtbar. Ich weiß, was es heißt, von jemand anderem angeschaut und von Kopf bis Fuß gemustert zu werden. Ich weiß, was es heißt, von hinten aufgespießt, mit einem Blick über die Schultern überwacht oder überrascht zu werden, wenn ich es am wenigsten erwarte. Ich weiß, was es heißt, nackt zu sein. Und zugleich ist dieser doch so sichtbare Körper gleichsam in einer Unsichtbarkeit gefangen, von der ich ihn niemals zu befreien vermag. Diesen Schädel, die Rückseite meines Schädels, kann ich zwar mit den Fingern ertasten, aber sehen kann ich ihn nicht. Diesen Rücken, den ich deutlich spüre, wenn ich auf dem Sofa liege, ver-

mag ich allenfalls mit der listigen Hilfe eines Spiegels zu überraschen. Und was ist diese Schulter, deren Bewegungen und Stellungen ich so gut kenne, die ich aber nicht sehen kann, ohne mich schmerzhaft zu verrenken? Der Körper ist ein Fantom, das nur der Spiegelwelt mit ihren Trugbildern angehört, und das auch nur in Bruchstücken. Brauche ich wirklich Geister und Feen, Tod und Seele, um zugleich und unauflöslich sichtbar und unsichtbar zu sein? Dieser Körper ist leicht, durchsichtig, unwägbar. Nichts ist weniger Ding als er. Der Körper läuft, handelt, lebt, begehrt, lässt sich widerstandslos von all meinen Absichten durchdringen. Aber das auch nur, bis es mir schlecht geht, bis mein Magen sich umdreht, bis der Schleim meine Brust verstopft und mich in der Kehle würgt, bis Zahnschmerzen sich in meinem Mund ausbreiten. Dann bin ich nicht mehr leicht, unwägbar und dergleichen. Ich werde zum Ding, zur Architektur, fantastisch und in Trümmern.

Nein, ich brauche wahrhaftig weder Magie noch Zauber, weder Seele noch Tod, um zugleich undurchsichtig und transparent, sichtbar und unsichtbar, Leben und Ding zu sein. Um Utopie zu sein, brauche ich nur Körper zu sein. All diese Utopien, durch die ich meinen Körper hinter mir ließ, haben ihr Vorbild, ihren Ursprung und ihren allerersten Anwendungsbereich in nichts anderem als meinem Körper. Ich hatte eben Unrecht, als ich sagte, die Utopien richteten sich gegen den Körper und sollten ihn zum Verschwinden bringen. Sie sind aus dem Körper hervorgegangen und haben sich wohl erst später gegen ihn gewandt.

Eines ist jedenfalls sicher: Der menschliche Körper ist der Hauptakteur aller Utopien. Schließlich ist eine der ältesten Utopien, welche die Menschen einander erzählen, der Traum von einem riesigen, überdimensionalen Körper, der den Raum verschlingt und die Welt beherrscht. Das ist die alte Utopie der Riesen, die sich in so vielen Legenden Europas, Afrikas, Ozeaniens und Asiens findet. Die alte Legende, die so lange die Fantasie des Abendlandes genährt hat, von Prometheus bis hin zu Gulliver.

Der Körper ist auch ein großer utopischer Akteur, wenn es um Maskieren, Schminken und Tätowieren geht. Wer sich maskiert, schminkt oder tätowiert, erlangt damit nicht, wie man meinen könnte, einen anderen Körper, nur schöner, reicher geschmückt und leichter wiederzuerkennen. Tätowieren, Schminken und Maskieren sind zweifellos etwas ganz anderes. Dadurch tritt der Körper in Kommunikation mit geheimen Mächten und unsichtbaren Kräften. Maske, Tätowierung und Schminke legen auf dem Körper eine Sprache nieder, eine rätselhafte, verschlüsselte, geheime, heilige Sprache, die auf ebendiesen Körper die Gewalt Gottes, die stumme Macht des Heiligen oder heftiges Begehren herabrufen. Maske, Tätowierung und Schminke versetzen den Körper in einen anderen Raum, an einen anderen Ort, der nicht direkt zu dieser Welt gehört. Sie machen den Körper zu einem Teil des imaginären Raumes, der mit der Welt der Götter oder mit der Welt der Anderen kommuniziert. So wird man von den Göttern ergriffen oder von der Person, die man gerade verführt. Jedenfalls sind Maskieren, Tätowieren und Schminken Operationen, durch die der Körper aus seinem eigenen Raum herausgerissen und in einen anderen Raum versetzt wird. Hören Sie zum Beispiel, wie in dieser japanischen Erzählung ein Tätowierer den Körper des jungen Mädchens, das er begehrt, in eine Welt versetzt, die nicht die unsrige ist:

»Die Sonne schickte ihre Strahlen über den Fluss und entflammte das Zimmer mit den sieben Matten. Ihre an der Wasseroberfläche gespiegelten Strahlen zeichneten goldene Wellen auf das Papier der Wandschirme und das Gesicht des im Tiefschlaf liegenden Mädchens. Seikichi zog die Schiebetür auf und nahm sein Tätowierwerkzeug. Für ein paar Augenblicke versank er in einer Art Ekstase. In vollen Zügen genoss er die fremdartige Schönheit des jungen Mädchens. Er hatte das Gefühl, er könne jahrzehnte- oder jahrhundertelang vor diesem reglosen Antlitz verharren, ohne ihres Anblicks müde oder überdrüssig zu werden. Wie das Volk von Memphis einst den wunderbaren Boden Ägyptens mit Pyramiden und Sphinxen verschönerte, so wollte Seikichi in seiner Liebe nun die reine Haut des jungen Mädchens mit seiner Zeichnung verschönern. Mit der Spitze seiner Pinsel, die er zwischen Daumen, Ringfinger und kleinem Finger der linken Hand hielt, trug er nun sogleich die Farben auf,

und sobald die Linien gezeichnet waren, stach er die Nadel ein, die er mit der Rechten führte.«
Und bedenkt man, dass die sakrale oder weltliche, religiöse oder zivile Kleidung den Einzelnen in den abgeschlossenen Raum des Religiösen oder in das unsichtbare Netzwerk der Gesellschaft hineinstellt, so sieht man, dass alles, was mit dem Körper zu tun hat – Zeichnung, Farbe, Königskette, Tiara, Kleidung, Uniform –, die im Körper eingeschlossenen Utopien in vielfältigen wahrnehmbaren Formen hervortreten lässt.
Aber vielleicht müssen wir unter die Kleidung und bis auf die Haut gehen, um zu erkennen, dass der Körper in manchen Grenzfällen seine utopischen Fähigkeiten gegen sich selbst richtet und den ganzen Raum des Religiösen und des Heiligen, den ganzen Raum der anderen Welt, den ganzen Raum der Gegenwelt in den ihm selbst vorbehaltenen Raum einbringt. In diesem Fall wäre der Körper in seiner Stofflichkeit und Fleischlichkeit gleichsam das Produkt seiner eigenen Fantasmen. Dehnt doch zum Beispiel der Körper des Tänzers sich über einen Raum aus, der für ihn zugleich ein innerer und äußerer Raum ist. Ganz ähnlich bei Menschen im Zustand des Rausches und bei Besessenen, deren Körper zur Hölle wird, oder bei Stigmatisierten, deren Körper Qual, Erlösung und Heil ist, ein blutiges Paradies.
Es war dumm, wenn ich eben meinte, der Körper sei niemals anderswo, er sei immer nur hier und widersetze sich jeglicher Utopie.

In Wirklichkeit ist mein Körper stets anderswo, er ist mit sämtlichen »Anderswos« der Welt verbunden, er ist anderswo als in der Welt. Denn um ihn herum sind die Dinge angeordnet. Nur im Verhältnis zu ihm – und zwar wie im Verhältnis zu einem Herrscher – gibt es ein Oben und Unten, ein Rechts und Links, ein Vorn und Hinten, ein Nah und Fern. Der Körper ist der Nullpunkt der Welt, der Ort, an dem Wege und Räume sich kreuzen. Der Körper selbst ist nirgendwo. Er ist der kleine utopische Kern im Mittelpunkt der Welt, von dem ich ausgehe, von dem aus ich träume, spreche, fantasiere, die Dinge an ihrem Ort wahrnehme und auch durch die grenzenlose Macht der von mir erdachten Utopien negiere. Mein Körper gleicht dem Sonnenstaat. Er hat keinen Ort, aber von ihm gehen alle möglichen realen oder utopischen Orte wie Strahlen aus.

Kinder brauchen lange, bis sie wissen, dass sie einen Körper haben. Die ersten Monate und bis ins erste Lebensjahr hinein haben sie nur einen zerstreuten Körper, Glieder, Körperhöhlen, Öffnungen. Erst im Spiegelbild ordnet sich all das und nimmt buchstäblich Gestalt an. Noch erstaunlicher ist die Tatsache, dass die Griechen zu Homers Zeiten kein Wort für die Einheit des Körpers besaßen. So paradox es klingen mag, vor Troja, unter den von Hektor und seinen Gefährten verteidigten Mauern, gab es keine Körper, es gab nur erhobene Arme, eine mutige Brust, schnelle Beine, blitzende Helme auf den Köpfen, aber keinen Körper. Das griechische Wort für Körper erscheint bei Homer nur zur Bezeichnung einer Leiche. Erst diese Leiche also und der Spiegel lehren uns (lehrten damals die Griechen, wie sie heute noch die Kinder lehren), dass wir einen Körper haben, dass dieser Körper eine Form besitzt und diese Form einen Umriss, dass sich innerhalb dieses Umrisses etwas Dichtes, Schweres befindet, kurz, dass der Körper einen Ort besetzt. Spiegel und Leiche weisen der zutiefst und ursprünglich utopischen Erfahrung des Körpers einen Raum zu. Spiegel und Leiche bringen diese große utopische Raserei zum Verstummen, die dazu führt, dass unser Körper ständig zerfällt und sich verflüchtigt. Sie beruhigen diese Raserei und umgeben sie mit einer Einfriedung, so dass sie uns nun verschlossen ist. Spiegel und Leiche sorgen dafür, dass unser Körper keine bloße Utopie ist. Bedenkt man nun, dass Spiegelbilder sich in einem für uns unzugänglichen Raum befinden und dass wir niemals dort sein können, wo unsere Leiche sein wird, und bedenkt man, dass Spiegel und Leiche sich ihrerseits stets anderswo befinden, wird deutlich, dass nur Utopien die tiefgründige, beherrschende Utopie unseres Körpers in sich aufnehmen und einen Augenblick lang verbergen können.

Vielleicht sollte man auch sagen, in der Liebe spürt man, wie der Körper sich in sich selbst schließt. Unter den Händen des Anderen existiert er endlich jenseits aller Utopie, in seiner ganzen Dichte. Unter den Fingern des Anderen, die über den Körper gleiten, beginnen alle unsichtbaren Teile des Körpers zu existieren. An den Lippen des Anderen werden die eigenen Lippen spürbar. Vor seinen halb geschlossenen Augen erlangt das eigene Gesicht Gewissheit. Endlich ist da ein Blick, der die geschlossenen Lider zu sehen vermag. Wie der Spiegel und der Tod, so besänftigt auch die Liebe die Utopie des Körpers, lässt sie verstummen, beruhigt sie, sperrt sie gleichsam in einen Kasten, den sie verschließt und versiegelt. Deshalb sind Spiegelillusion und Todesdrohung einander so ähnlich. Und wenn wir trotz der beiden bedrohlichen Figuren, die sie umgeben, dennoch so gerne einander lieben, so weil in der Liebe der Körper hier ist.

Michel Foucault
Les Hétérotopies

Radio France
7 décembre 1966

Il y a donc des pays sans lieu et des histoires sans chronologie; des cités, des planètes, des continents, des univers, dont il serait bien impossible de relever la trace sur aucune carte ni dans aucun ciel, tout simplement parce qu'ils n'appartiennent à aucun espace.[1] Sans doute ces cités, ces continents, ces planètes sont-ils nés, comme on dit, dans la tête des hommes, ou, à vrai dire, dans l'interstice de leurs mots, dans l'épaisseur de leurs récits, ou encore dans le lieu sans lieu de leurs rêves, dans le vide de leurs cœurs; bref, c'est la douceur des utopies. Pourtant je crois qu'il y a – et ceci dans toute société – des utopies qui ont un lieu précis et réel, un lieu qu'on peut situer sur une carte; des utopies qui ont un temps déterminé, un temps qu'on peut fixer et mesurer selon le calendrier de tous les jours. Il est bien probable que chaque groupe humain, quel qu'il soit, découpe, dans l'espace qu'il occupe, où il vit réellement, où il travaille, des lieux utopiques, et, dans le temps où il s'affaire, des moments uchroniques.

Voici ce que je veux dire. On ne vit pas dans un espace neutre et blanc; on ne vit pas, on ne meurt pas, on n'aime pas dans le rectangle d'une feuille de papier. On vit, on meurt, on aime dans un espace quadrillé, découpé, bario-

1 [Die französischen Texte wurden von François Rey transkribiert. Ergänzungen gegenüber den gesprochenen Radiotexten sind durch eckige Klammern markiert. Auf unsichere Transkriptionen wird ebenfalls in einer Fußnote hingewiesen.]

lé, avec des zones claires et sombres, des différences de niveaux, des marches d'escalier, des creux, des bosses, des régions dures et d'autres friables, pénétrables, poreuses. Il y a les régions de passage, les rues, les trains, les métros; il y a les régions ouvertes de la halte transitoire, les cafés, les cinémas, les plages[1], les hôtels, et puis il y a les régions fermées du repos et du chez-soi. Or, parmi tous ces lieux qui se distinguent les uns des autres, il y en a qui sont en quelque sorte *absolument* différents: des lieux qui s'opposent à tous les autres, qui sont destinés en quelque sorte à les effacer, à les compenser, à les neutraliser ou à les purifier. Ce sont en quelque sorte des contre-espaces. Ces contre-espaces, ces utopies localisées, les enfants les connaissent parfaitement. Bien sûr c'est le fond du jardin, bien sûr c'est le grenier, ou mieux encore la tente d'Indiens dressée au milieu du grenier, ou encore, c'est – le jeudi après-midi – le grand lit des parents. C'est sur ce grand lit qu'on découvre l'océan, puisqu'on peut y nager entre les couvertures; mais ce grand lit, c'est aussi le ciel, puisqu'on peut bondir sur les ressorts; c'est la forêt, puisqu'on s'y cache; c'est la nuit, puisqu'on y devient fantôme entre les draps; c'est le plaisir, enfin, puisqu'à la rentrée des parents, on va être puni.

Ces contre-espaces, à vrai dire, ce n'est pas la seule invention des enfants; je crois, tout simplement, parce que les enfants n'inventent jamais rien; ce sont les hommes, au

1 [Oder auch: »places«.]

contraire, qui ont inventé les enfants, qui leur ont chuchoté leurs merveilleux secrets; et ensuite, ces hommes, ces adultes s'étonnent, lorsque les enfants, à leur tour, les leur cornent aux oreilles. La société adulte a organisé elle-même, et bien avant les enfants, ses propres contre-espaces, ses [ces] utopies situées, ses [ces] lieux réels hors de tous les lieux. Par exemple, il y a les jardins, les cimetières, il y a les asiles, il y a les maisons closes, il y a les prisons, il y a les villages du Club Méditerranée, et bien d'autres.

Eh bien! je rêve d'une science – je dis bien une science – qui aurait pour objet ces espaces différents, ces autres lieux, ces contestations mythiques et réelles de l'espace où nous vivons. Cette science étudierait non pas les utopies, puisqu'il faut réserver ce nom à ce qui n'a vraiment aucun lieu, mais les hétéro-topies, les espaces absolument autres; et forcément, la science en question s'appellerait, s'appellera, s'appelle déjà l'hétérotopologie. De cette science qui est en train de naître, il faut donner les tout premiers rudiments.
Premier principe: il n'y a probablement pas une société qui ne se constitue son hétérotopie ou ses hétérotopies. C'est là, sans doute, une constante de tout groupe humain. Mais à vrai dire, ces hétérotopies peuvent prendre, et prennent toujours, des formes extraordinairement variées, et peut-être n'y a-t-il pas, sur toute la surface du globe ou dans toute l'histoire du monde, une seule forme

d'hétérotopie qui soit restée constante. On pourrait peut-être classer les sociétés, par exemple, selon les hétérotopies qu'elles préfèrent, selon les hétérotopies qu'elles constituent. Par exemple, les sociétés dites primitives ont des lieux privilégiés ou sacrés ou interdits, comme nous-mêmes d'ailleurs; mais ces lieux privilégiés ou sacrés sont en général réservés aux individus en crise biologique. Il y a des maisons spéciales pour les adolescents au moment de la puberté; il y a des maisons réservées aux femmes à l'époque des règles; d'autres pour les femmes en couches. Dans notre société, ces hétérotopies pour les individus en crise biologique ont à peu près disparu. Remarquez qu'au XIXe siècle encore, il y avait les collèges pour les garçons, il y avait le service militaire aussi, qui jouaient sans doute ce rôle: il fallait que les premières manifestations de la sexualité virile aient lieu *ailleurs*. Et après tout, pour les jeunes filles, je me demande si le voyage de noces n'était pas une sorte à la fois d'hétérotopie et d'hétérochronie: il ne fallait pas que la défloration de la jeune fille ait lieu dans la maison même où elle était née, il fallait que cette défloration ait lieu en quelque sorte nulle part.

Mais ces hétérotopies biologiques, ces hétérotopies de crise disparaissent de plus en plus, et sont remplacées par des hétérotopies de déviation; c'est-à-dire que les lieux que la société ménage dans ses marges, dans les plages vides qui l'entourent, sont plutôt réservés aux individus dont le comportement est déviant par rapport à la moyenne ou à la norme exigée. De là les maisons de repos, de là les cliniques psychiatriques, de là également, bien sûr, les prisons. Il faudrait sans doute y joindre les maisons de retraite, puisque après tout, l'oisiveté, dans une société aussi affairée que la nôtre, est comme une déviation; déviation, d'ailleurs, qui se trouve en l'occurrence être une déviation biologique quand elle est liée à la vieillesse, et c'est une déviation, ma foi, constante, pour tous ceux du moins qui n'ont pas la discrétion de mourir d'un infarctus dans les trois semaines qui suivent la mise à la retraite.

Second principe de la science hétérotopologique: au cours de son histoire, toute société peut parfaitement résorber et faire disparaître une hétérotopie qu'elle avait constituée auparavant, ou en organiser qui n'existaient pas encore. Par exemple, depuis une vingtaine d'années, la plupart des pays d'Europe ont essayé de faire disparaître les maisons de prostitution, avec un succès mitigé, on le sait, puisque le téléphone a substitué un réseau arachnéen et bien plus subtile à la vieille maison de nos aïeux. En revanche, le cimetière, qui est pour nous, dans notre expérience actuelle, l'exemple le plus évident de l'hétérotopie (le cimetière est absolument l'*autre* lieu), le cimetière n'a pas toujours joué ce rôle dans la civilisation occidentale. Jusqu'au XVIIIe siècle, il était au cœur de la cité, disposé là, au milieu de la ville, tout à côté de l'église; et, à vrai dire, on ne lui attachait aucune valeur bien solennelle. Sauf pour quelques individus, le sort commun des cadavres était tout simplement d'être jeté au charnier sans respect pour la dépouille individuelle. Or, d'une façon très curieuse, au moment même où notre civilisation est devenue athée, ou, du moins, *plus* athée, c'est-à-dire à la fin du XVIIIe siècle, on s'est mis à individualiser les squelettes. Chacun a eu droit à sa petite boîte et à sa petite décomposition personnelle. D'un autre côté, tous ces squelettes, toutes ces petites boîtes, tous ces cercueils, toutes ces tombes, tous ces cimetières ont été mis à part; on les a mis hors de la ville, à la limite de la cité, comme si c'était en même temps un centre et un lieu d'infection, et en quelque sorte de contagion de la mort. Mais tout ceci ne s'est passé – il ne faut pas l'oublier – qu'au XIXe siècle, et même dans le cours du Second Empire. C'est sous Napoléon III, en effet, que les grands cimetières parisiens, ont été organisés à la limite des villes. Il faudrait aussi citer – et là on aurait en quelque sorte une surdétermination de l'hétérotopie – les cimetières pour tuberculeux; je pense à ce merveilleux cimetière de Menton, dans lequel ont été couchés les grands tuberculeux qui étaient venus, à la fin du XIXe siècle, se reposer et mourir sur la Côte d'azur, autre hétérotopie.

En général, l'hétérotopie a pour règle de juxtaposer en un lieu réel plusieurs espaces qui normalement seraient, devraient être incompatibles. Le théâtre, qui est une hétérotopie, fait succéder sur le rectangle de la scène toute une série de lieux étrangers. Le cinéma est une grande salle rectangulaire, au fond de laquelle, sur un espace à deux dimensions, est projeté un espace à nouveau à trois dimensions. Mais peut-être le plus ancien exemple d'hétérotopie serait le jardin, création millénaire qui avait certainement en Orient une signification magique. Le traditionnel jardin persan est un rectangle qui est divisé en quatre parties, qui représentent les quatre éléments dont le monde est composé, et au milieu duquel, au point de jonction de ces quatre rectangles, se trouvait un espace sacré: une fontaine, un temple. Et autour de ce centre, toute la végétation du monde, toute la végétation exemplaire et parfaite du monde devait se trouver réunie. Or, si l'on songe que les tapis orientaux étaient à l'origine des reproductions de jardins – au sens strict du terme, des »jardins d'hiver« – on comprend la valeur légendaire des tapis volants, des tapis qui parcouraient le monde. Le jardin est un tapis où le monde tout entier vient accomplir sa perfection symbolique, et c'est en même temps un jardin mobile à travers l'espace. Était-il parc ou tapis, ce jardin que décrit le conteur des Mille et une nuits? On voit que toutes les beautés du monde viennent se recueillir en ce miroir. Le jardin, depuis le fond de l'antiquité, est un lieu d'utopie. On a peut-être l'impression que les romans se situent facilement dans des jardins; c'est qu'en fait les romans sont sans doute nés de l'institution même des jardins. L'activité romanesque est une activité jardinière.

Il se trouve que les hétérotopies sont liées le plus souvent à des découpages singuliers du temps. Elles sont parentes, si vous voulez, aux hétérochronies. Bien sûr, le cimetière est le lieu d'un temps qui ne s'écoule plus. D'une façon générale, dans une société comme la nôtre, on peut dire qu'il y a des hétérotopies qui sont les hétérotopies du temps quand il s'accumule à l'infini: les musées et les bibliothèques, par exemple. Aux XVIIe et XVIIIe siècles, les musées et les bibliothèques étaient des institutions singulières; ils étaient l'expression du goût de chacun. En revanche, l'idée de tout accumuler, l'idée, en quelque sorte, d'arrêter le temps, ou plutôt de le laisser se déposer à l'infini dans un certain espace privilégié, l'idée de constituer l'archive générale d'une culture, la volonté d'enfermer dans un lieu tous les temps, toutes les époques, toutes les formes et tous les goûts, l'idée de constituer un espace de tous les temps, comme si cet espace pouvait être lui-même définitivement hors du temps, c'est là une idée tout à fait moderne: le musée et la bibliothèque sont des hétérotopies propres à notre culture.

Il y a, en revanche, des hétérotopies qui sont liées au temps, non pas sur le mode de l'éternité, mais sur le mode de la fête: des hétérotopies non pas éternitaires mais chroniques. Le théâtre, bien sûr, mais aussi les foires, ces merveilleux emplacements vides au bord des villes, quelquefois même au centre des villes, et qui se peuplent une ou deux fois par an de baraques, d'étalages, d'objets hétéroclites, de lutteurs, de femmes-serpents et de diseuses de bonne aventure. Il y a, plus récemment dans l'histoire de notre civilisation, les villages de vacances; je pense surtout à ces merveilleux villages polynésiens, qui, sur les

bords de la Méditerranée, offrent trois petites semaines de nudité primitive et éternelle aux habitants de nos villes. Les paillotes de Djerba, par exemple, sont parentes, en un sens, des bibliothèques et des musées, puisque ce sont des hétérotopies d'éternité – on invite les hommes à renouer avec la plus ancienne tradition de l'humanité – et en même temps elles sont la négation de toute bibliothèque et de tout musée, puisqu'il ne s'agit pas, à travers elles, d'accumuler le temps, mais au contraire de l'effacer et de revenir à la nudité, à l'innocence du premier péché. Il y a aussi, il y *avait* plutôt, parmi ces hétérotopies de la fête, ces hétérotopies chroniques, la fête de tous les soirs dans les maisons closes d'autrefois, la fête qui commençait à six heures du soir, comme dans *La Fille Élisa*.
Enfin, d'autres hétérotopies sont liées, non pas à la fête, mais au passage, à la transformation, au labeur d'une régénération. C'étaient, au XIXe siècle, les collèges et les casernes, qui devaient faire d'enfants des adultes, de villageois des citoyens, et de naïfs des déniaisés. Il y a surtout, de nos jours, les prisons.

Enfin, je voudrais poser comme cinquième principe de l'hétérotopologie, ce fait, que les hétérotopies ont toujours un système d'ouverture et de fermeture qui les isole par rapport à l'espace environnant. En général, on n'entre pas dans une hétérotopie comme dans un moulin: ou bien on y entre parce qu'on y est contraint (les prisons, évidemment), ou bien lorsqu'on s'est soumis à des rites, à une purification. Il y a même des hétérotopies qui sont entièrement consacrées à cette purification. Purification mi-religieuse et mi-hygiénique, comme dans les hammams des musulmans, ou, comme dans le sauna des Scandinaves, purification seulement hygiénique, mais qui entraîne avec elle toutes sortes de valeurs religieuses ou naturalistes.

Il y a d'autres hétérotopies, au contraire, qui ne sont pas fermées sur le monde extérieur, mais qui sont pure et simple ouverture. Tout le monde peut y entrer, mais, à vrai dire, une fois qu'on y est entré, on s'aperçoit que c'est une illusion et qu'on n'est entré nulle part. L'hétérotopie est un lieu ouvert, mais qui a cette propriété de vous maintenir au dehors. Par exemple, en Amérique du sud, dans les maisons du XVIIIe siècle, il y avait toujours, ménagé à côté de la porte d'entrée, mais *avant* la porte d'entrée, une petite chambre qui ouvrait directement sur le monde extérieur et qui était destinée aux visiteurs de passage; c'est-à-dire que n'importe [qui[1]], à n'importe quelle heure du jour et de la nuit, pouvait entrer dans cette chambre, pouvait s'y reposer, pouvait y faire ce qu'il voulait, pouvait partir le lendemain matin sans être vu ni reconnu par personne; mais, dans la mesure où cette chambre n'ouvrait en aucune manière sur la maison elle-même, l'individu qui y était reçu ne pouvait jamais pénétrer à l'intérieur de la demeure familiale même. Cette chambre

1 [Unverständliches Wort.]

était une sorte d'hétérotopie entièrement extérieure. On pourrait lui comparer l'hétérotopie des motels américains, où l'on entre avec sa voiture et sa maîtresse[1], et où la sexualité illégale se trouve à la fois abritée et cachée, tenue à l'écart, sans être pour autant laissée à l'air libre.
Enfin, il y a des hétérotopies qui *semblent* ouvertes, mais où seuls entrent véritablement ceux qui sont déjà initiés. On croit qu'on accède à ce qu'il y a de plus simple, de plus offert, et en fait on est au cœur du mystère; c'est du moins de cette manière-là qu'Aragon entrait autrefois dans les maisons closes: »Encore aujourd'hui, ce n'est pas sans une certaine émotion collégienne que je franchis ces seuils d'excitabilité particulière. J'y poursuis le grand désir abstrait qui parfois se dégage des quelques figures que j'aie jamais aimée. Une ferveur se déploie. Pas un instant je ne pense au côté social des lieux. L'expression *maison de tolérance* ne peut se prononcer sérieusement.«

C'est là sans doute qu'on rejoint ce qu'il y a sans doute de plus essentiel dans les hétérotopies. Elles sont la contestation de tous les autres espaces, une contestation qu'elles peuvent exercer de deux manières: ou bien, comme dans ces maisons closes dont parlait Aragon, en créant une illusion qui dénonce tout le reste de la réalité comme illusion, ou bien, au contraire, en créant réellement un autre espace réel aussi parfait, aussi méticuleux, aussi arrangé que le

1 [Idem.]

nôtre est désordonné, mal agencé et brouillon: c'est ainsi qu'ont fonctionné, au moins dans le projet des hommes, pendant un certain, au XVIIIe siècle surtout, les colonies. Bien sûr, ces colonies avaient une grande utilité économique, mais il y avait des valeurs imaginaires qui leur étaient attachées, et sans doute ces valeurs étaient-elles dues au prestige propre des hétérotopies. C'est ainsi qu'aux XVIIe et XVIIIe siècles, les sociétés puritaines anglaises ont essayé de fonder en Amérique des sociétés absolument parfaites; c'est ainsi qu'à la fin du XIXe siècle et au début encore du XXe siècle, dans les colonies françaises, Lyautey et ses successeurs ont rêvé de sociétés hiérarchisées et militaires. Sans doute la plus extraordinaire de ces tentatives fut-elle celle des Jésuites au Paraguay; au Paraguay, en effet, les Jésuites avaient fondé une colonie merveilleuse, dans laquelle la vie toute entière était règlementée, le régime du communisme le plus parfait régnait, les terres et les troupeaux appartenaient à tout le monde, seul un petit jardin était attribué à chaque famille, les maisons étaient disposées en rangs réguliers le long de deux rues qui se coupaient à angle droit. Au fond de la place centrale du village, il y avait l'église; sur l'un des côtés, le collège; sur l'autre, la prison. Les Jésuites réglementaient, du soir au matin et du matin au soir, méticuleusement toute la vie des colons. L'angélus sonnait à cinq heures du matin pour le réveil; puis ils marquaient le début du travail; à midi, la cloche rappelait les gens, hommes et femmes, qui avaient travaillé dans les champs; à six heures on se réunissait pour dîner; et à minuit la cloche sonnait à nouveau, c'était celle qu'on appelait la cloche du »réveil conjugal«, car les Jésuites, qui tenaient à ce que les colons se reproduisent, tiraient allégrement tous les soirs sur la cloche pour que la population puisse proliférer, ce qu'elle fit d'ailleurs, puisque, de 130 000 qu'ils étaient au début de la colonisation jésuite, les Indiens étaient devenus 400 000 au milieu du XVIIIe siècle. On avait là l'exemple d'une société entièrement fermée sur elle-même, qui n'était rattachée par rien au reste du monde, sauf par le commerce et les bénéfices considérables que faisait la Société de Jésus.

Avec la colonie, on a une hétérotopie qui est en quelque sorte assez naïve pour vouloir réaliser une illusion. Avec la maison close, on a en revanche une hétérotopie qui est assez subtile ou habile pour vouloir dissiper la réalité avec la seule force des illusions. Et si l'on songe que le bateau, le grand bateau du XIXe siècle, est un morceau d'espace flottant, un lieu sans lieu vivant par lui-même, fermé sur soi, libre en un sens, mais livré fatalement à l'infini de la mer, et qui, de port en port, de quartier à filles en quartier à filles, de bordée en bordée, va jusqu'aux colonies chercher ce qu'elles recèlent de plus précieux en ces jardins orientaux qu'on évoquait tout à l'heure, on comprend pourquoi le bateau a été pour notre civilisation – et ceci depuis le XVIe siècle au moins – à la fois le plus grand instrument économique et notre plus grande réserve d'imagination. Le navire est l'hétérotopie par excellence. Les civilisations sans bateaux sont comme les enfants dont les parents n'auraient pas un grand lit sur lequel on puisse jouer; leurs rêves alors se tarissent, l'espionnage y remplace l'aventure, et la hideur des polices la beauté ensoleillée des corsaires.

Michel Foucault
Le Corps utopique

Radio France
21 décembre 1966

Ce lieu que Proust, doucement, anxieusement, vient occuper de nouveau à chacun de ses réveils, à ce lieu-là, dès que j'ai les yeux ouverts, je ne peux plus échapper. Non pas que je sois par lui cloué sur place – puisque après tout je peux non seulement bouger et remuer, mais je peux *le* bouger, *le* remuer, *le* changer de place – seulement voilà: je ne peux pas me déplacer sans lui; je ne peux pas le laisser là où il est pour m'en aller, moi, ailleurs. Je peux bien aller au bout du monde, je peux bien me tapir, le matin, sous mes couvertures, me faire aussi petit que je pourrais, je peux bien me laisser fondre au soleil sur la plage, il sera toujours là où je suis. Il est ici irréparablement, jamais ailleurs. Mon corps, c'est le contraire d'une utopie, ce qui n'est jamais sous un autre ciel, il est le lieu absolu, le petit fragment d'espace avec lequel, au sens strict, je fais corps.

Mon corps, topie impitoyable. Et si, par bonheur, je vivais avec lui dans une sorte de familiarité usée, comme avec une ombre, comme avec ces choses de tous les jours que finalement je ne vois plus et que la vie a passées à la grisaille; comme avec ces cheminées, ces toits qui moutonnent chaque soir devant ma fenêtre? Mais tous les matins, même présence, même blessure; sous mes yeux se dessine l'inévitable image qu'impose le miroir: visage maigre, épaules voûtées, regard myope, plus de cheveux, vraiment pas beau. Et c'est dans cette vilaine coquille de ma tête, dans cette cage que je n'aime pas, qu'il va falloir me montrer et me promener; à travers cette grille qu'il faudra parler, regarder, être regardé; sous cette peau, croupir. Mon corps, c'est le lieu sans recours auquel je suis condamné. Je pense, après tout, que c'est contre lui et comme pour l'effacer, qu'on a fait naître toutes ces utopies. Le prestige de l'utopie, la beauté, l'émerveillement de l'utopie, à quoi sont-ils dus? L'utopie, c'est un lieu hors de tous les lieux, mais c'est un lieu où j'aurai un corps sans corps, un corps qui sera beau, limpide, transparent, lumineux, véloce, colossal dans sa puissance, infini dans sa durée, délié, invisible, protégé, toujours transfiguré; et il se peut bien que l'utopie première, celle qui est le plus indéracinable dans le cœur des hommes, ce soit précisément l'utopie d'un corps incorporel. Le pays des fées, le pays des lutins, des génies, des magiciens, eh bien, c'est le pays où les corps se transportent aussi vite que la lumière, c'est le pays où les blessures guérissent avec un baume merveilleux le temps d'un éclair, c'est le pays où on peut tomber d'une montagne et se relever vivant, c'est le pays où on est visible quand on veut, invisible quand on le désire. S'il y a un pays féerique, c'est bien pour que j'y sois prince charmant et que tous les jolis gommeux deviennent poilus et vilains comme des oursons.

Mais il y a aussi une utopie qui est faite pour effacer les corps. Cette utopie, c'est le pays des morts, ce sont les grandes cités utopiques que nous a laissées la civilisation égyptienne. Les momies, après tout, qu'est-ce que c'est?

C'est l'utopie du corps nié et transfiguré. La momie, c'est le grand corps utopique qui persiste à travers le temps. Il y a eu aussi les masques d'or que la civilisation mycénienne posaient sur les visages des rois défunts: utopie de leurs corps glorieux, puissants, solaires, terreur des armées. Il y a eu les peintures et les sculptures des tombeaux, les gisants, qui depuis le moyen âge prolongent dans l'immobilité une jeunesse qui ne passera plus. Il y a maintenant, de nos jours, ces simples cubes de marbre, corps géométrisés par la pierre, figures régulières et blanches sur le grand tableau noir des cimetières. Et dans cette cité d'utopie des morts, voilà que mon corps devient solide comme une chose, éternel comme un dieu.

Mais peut-être la plus obstinée, la plus puissante de ces utopies par lesquelles nous effaçons la triste topologie du corps, c'est le grand mythe de l'âme qui nous la fournit depuis le fond de l'histoire occidentale. L'âme fonctionne dans mon corps d'une façon bien merveilleuse. Elle y loge, bien sûr, mais elle sait bien s'en échapper: elle s'en échappe pour voir les choses à travers les fenêtres de mes yeux, elle s'en échappe pour rêver quand je dors, pour survivre quand je meurs. Elle est belle, mon âme, elle est pure, elle est blanche; et si mon corps boueux – en tout cas pas très propre – vient à la salir, il y aura bien une vertu, il y aura bien une puissance, il y aura bien mille gestes sacrés qui la rétabliront dans sa pureté première. Elle durera longtemps, mon âme, et plus que longtemps, quand mon vieux corps ira pourrir. Vive mon âme! c'est mon corps

lumineux, purifié, vertueux, agile, mobile, tiède, frais; c'est mon corps lisse, châtré, arrondi comme une bulle de savon.
Et voilà! mon corps, par la vertu de toutes ces utopies, a disparu. Il a disparu comme la flamme d'une bougie qu'on souffle. L'âme, les tombeaux, les génies et les fées, ont fait main basse sur lui, l'ont fait disparaître en un tournemain, ont soufflé sur sa lourdeur, sur sa laideur, et me l'ont restitué éblouissant et perpétuel.

Mais mon corps, à vrai dire, ne se laisse pas réduire si facilement. Il a, après tout, lui-même ses ressources propres de fantastique; il en possède, lui aussi, des lieux sans lieu, et des lieux plus profonds, plus obstinés encore que l'âme, que le tombeau, que l'enchantement des magiciens. Il a ses caves et ses greniers, il a ses séjours obscurs, il a ses plages lumineuses. Ma tête, par exemple, ma tête: quelle étrange caverne ouverte sur le monde extérieur par deux fenêtres, deux ouvertures, j'en suis bien sûr, puisque je les vois dans le miroir; et puis, je peux fermer l'une ou l'autre séparément. Et pourtant, il n'y en a qu'une seule, de ces ouvertures, car je ne vois devant moi qu'un seul paysage, continu, sans cloison ni coupure. Et dans cette tête, comment est-ce que les choses se passent? Eh bien, les choses viennent se loger en elle. Elles y entrent – et ça, je suis bien sûr que les choses entrent dans ma tête quand je regarde, puisque le soleil, quand il est trop fort et m'éblouit, va déchirer jusqu'au fond de mon cerveau –,

et pourtant ces choses qui entrent dans ma tête demeurent bien à l'extérieur, puisque je les vois devant moi et que, pour les rejoindre, je dois m'avancer à mon tour.
Corps incompréhensible, corps pénétrable et opaque, corps ouvert et fermé: corps utopique. Corps absolument visible, en un sens: je sais très bien ce que c'est qu'être regardé par quelqu'un d'autre de la tête aux pieds, je sais ce que c'est qu'être épié par derrière, surveillé par-dessus l'épaule, surpris quand je m'y attends le moins, je sais ce qu'être nu. Et pourtant, ce même corps, qui est si visible, il est retiré, il est capté par une sorte d'invisibilité de laquelle jamais je ne peux le détacher. Ce crâne, ce derrière de mon crâne que je peux tâter, là, avec mes doigts, mais voir, jamais; ce dos, que je sens appuyé contre la poussée du matelas sur le divan, quand je suis allongé, mais que je ne surprendrai que par la ruse d'un miroir; et qu'est-ce que c'est que cette épaule, dont je connais avec précision les mouvements et les positions, mais que je ne saurai jamais voir sans me contourner affreusement. Le corps, fantôme qui n'apparaît qu'au mirage des miroirs, et encore, d'une façon fragmentaire. Est-ce que vraiment j'ai besoin des génies et des fées, et de la mort et de l'âme, pour être à la fois indissociablement visible et invisible? Et puis, ce corps, il est léger, il est transparent, il est impondérable; rien n'est moins chose que lui: il court, il agit, il vit, il désire, il se laisse traverser sans résistance par toutes mes intentions. Hé oui! mais jusqu'au jour où j'ai mal, où se creuse la caverne de mon ventre, où se bloquent, où

s'engorgent, où se bourrent d'étoupe ma poitrine et ma gorge; jusqu'au jour où s'étoile au fond de ma bouche le mal aux dents. Alors, alors là, je cesse d'être léger, impondérable, etc.; je deviens chose, architecture fantastique et ruinée.
Non, vraiment, il n'est pas besoin de magie ni de féerie, il n'est pas besoin d'une âme ni d'une mort pour que je sois à la fois opaque et transparent, visible et invisible, vie et chose: pour que je sois utopie, il suffit que je sois un corps. Toutes ces utopies par lesquelles j'esquivais mon corps, elles avaient tout simplement leur modèle et leur point premier d'application, elles avaient leur lieu d'origine dans mon corps lui-même. J'avais bien tort, tout à l'heure, de dire que les utopies étaient tournées contre le corps et destinées à l'effacer: elles sont nées du corps lui-même et se sont peut-être ensuite retournées contre lui.

En tout cas, il y a une chose certaine, c'est que le corps humain est l'acteur principal de toutes les utopies. Après tout, une des plus vieilles utopies que les hommes se sont racontées à eux-mêmes, n'est-ce pas le rêve de corps immenses, démesurés, qui dévoreraient l'espace et maîtriseraient le monde? C'est la vieille utopie des géants, qu'on trouve au cœur de tant de légendes, en Europe, en Afrique, en Océanie, en Asie; cette vieille légende qui a si longtemps nourri l'imagination occidentale, de Prométhée à Gulliver.

Le corps aussi est un grand acteur utopique, quand il s'agit des masques, du maquillage et du tatouage. Se masquer, se maquiller, se tatouer, ce n'est pas exactement, comme on pourrait se l'imaginer, acquérir un autre corps, simplement un peu plus beau, mieux décoré, plus facilement reconnaissable; se tatouer, se maquiller, se masquer, c'est sans doute tout autre chose, c'est faire entrer le corps en communication avec des pouvoirs secrets et des forces invisibles. Le masque, le signe tatoué, le fard déposent sur le corps tout un langage: tout un langage énigmatique, tout un langage chiffré, secret, sacré, qui appelle sur ce même corps la violence du Dieu[1], la puissance sourde du sacré ou la vivacité du désir. Le masque, le tatouage, le fard placent le corps dans un autre espace, ils le font entrer dans un lieu qui n'a pas de lieu directement dans le monde, ils font de ce corps un fragment d'espace imaginaire qui va communiquer avec l'univers des divinités ou avec l'univers d'autrui. On sera saisi par les dieux ou on sera saisi par la personne qu'on vient de séduire. En tout cas, le masque, le tatouage, le fard sont des opérations par lesquelles le corps est arraché à son espace propre et projeté dans un autre espace. Écoutez par exemple ce conte japonais et la manière dont un tatoueur fait passer dans un univers qui n'est pas le nôtre le corps de la jeune fille qu'il désire:

»Le soleil dardait ses rayons sur la rivière et incendiait la

1 [Oder auch: »lieu«.]

chambre aux sept nattes. Ses rayons réfléchis sur la surface de l'eau formaient un dessin de vagues dorées sur le papier des paravents et sur le visage de la jeune fille profondément endormie. Seikichi, après avoir tiré les cloisons, prit en mains ses outils de tatouage. Pendant quelques instants, il demeura plongé dans une sorte d'extase. C'est à présent qu'il goûtait pleinement l'étrange beauté de la jeune fille. Il lui semblait qu'il pouvait rester assis devant ce visage immobile pendant des dizaines et des centaines d'années sans jamais ressentir ni fatigue ni ennui. Comme le peuple de Memphis embellissait jadis la terre magnifique d'Égypte de pyramides et de sphinx, ainsi Seikichi de tout son amour voulut embellir de son dessin la peau fraîche de la jeune fille. Il lui appliqua aussitôt la pointe de ses pinceaux de couleur tenus entre le pouce, l'annulaire et le petit doigt de la main gauche, et à mesure que les lignes étaient dessinées, il les piquait de son aiguille tenue de la main droite.«

Et si on songe que le vêtement sacré ou profane, religieux ou civil, fait entrer l'individu dans l'espace clos du religieux ou dans le réseau invisible de la société, alors on voit que tout ce qui touche au corps – dessin, couleur, diadème, tiare, vêtement, uniforme –, tout cela fait épanouir sous une forme sensible et bariolée les utopies scellées dans le corps.

Mais peut-être faudrait-il descendre encore au-dessous du vêtement, peut-être faudrait-il atteindre la chair elle-même, et alors on verrait que dans certains cas, à la limite, c'est le corps lui-même qui retourne contre soi son pouvoir utopique et fait entrer tout l'espace du religieux et du sacré, tout l'espace de l'autre monde, tout l'espace du contre-monde, à l'intérieur même de l'espace qui lui est réservé. Alors, le corps, dans sa matérialité, dans sa chair, serait comme le produit de ses propres fantasmes. Après tout, est-ce que le corps du danseur n'est pas justement un corps dilaté selon tout un espace qui lui est intérieur et extérieur à la fois? Et les drogués aussi, et les possédés; les possédés, dont le corps devient enfer; les stigmatisés, dont le corps devient souffrance, rachat et salut, sanglant paradis.

J'étais sot, vraiment, tout à l'heure, de croire que le corps n'était jamais ailleurs, qu'il était un ici irrémédiable et qu'il s'opposait à toute utopie.

Mon corps, en fait, il est toujours ailleurs, il est lié à tous les ailleurs du monde, et à vrai dire il est ailleurs que dans le monde. Car c'est autour de lui que les choses sont disposées, c'est par rapport à lui – et par rapport à lui comme par rapport à un souverain – qu'il y a un dessus, un dessous, une droite, une gauche, un avant, un arrière, un proche, un lointain. Le corps, il est le point zéro du monde, là où les chemins et les espaces viennent se croiser, le corps il n'est nulle part: il est au cœur du monde ce petit noyau utopique à partir duquel je rêve, je parle, j'avance, j'imagine, je perçois les choses en leur place et je les nie aussi par le pouvoir indéfini des utopies que j'imagine. Mon corps il est comme la Cité du Soleil, il n'a pas de lieu, mais c'est de lui que sortent et que rayonnent tous les lieux possibles, réels ou utopiques.

Après tout, les enfants mettent longtemps à savoir qu'ils ont un corps. Pendant des mois, pendant plus d'une année, ils n'ont qu'un corps dispersé, des membres, des cavités, des orifices, et tout ceci ne s'organise, tout ceci ne prend littéralement corps que dans l'image du miroir. D'une façon plus étrange encore, les Grecs d'Homère n'avaient pas de mot pour désigner l'unité du corps. Aussi paradoxal que ce soit, devant Troie, sous les murs défendus par Hector et ses compagnons, il n'y avait pas de corps, il y avait des bras levés, il y avait des poitrines courageuses, il y avait des jambes agiles, il y avait des casques étincelants au-dessus des têtes: il n'y avait pas de corps. Le mot grec qui veut dire corps n'apparaît chez Homère que pour désigner le cadavre. C'est ce cadavre, par conséquent, c'est le cadavre et c'est le miroir qui nous enseignent (enfin, qui ont enseigné aux Grecs et qui enseignent maintenant aux enfants) que nous avons un corps, que ce corps a une forme, que cette forme a un contour, que dans ce contour il y a une épaisseur, un poids; bref, que le corps occupe un lieu. C'est le miroir et c'est le cadavre qui assignent un espace à l'expérience profondément et originairement utopique du corps; c'est le miroir et c'est le cadavre qui font taire et apaisent et ferment sur une clôture qui est maintenant pour nous scellée cette grande rage utopique qui délabre et volatilise à chaque instant notre corps. C'est grâce à eux, c'est grâce au miroir et au cadavre que notre corps n'est pas pure et simple utopie. Or, si l'on songe que l'image du miroir est logée pour nous dans un espace inaccessible, et que nous ne pourrons jamais être là où sera notre cadavre, si l'on songe que le miroir et le cadavre sont eux-mêmes dans un invincible ailleurs, alors on découvre que seules des utopies peuvent refermer sur elles-mêmes et cacher un instant l'utopie profonde et souveraine de notre corps.

Peut-être faudrait-il dire aussi que faire l'amour, c'est sentir son corps se refermer sur soi, c'est enfin exister hors de toute utopie, avec toute sa densité, entre les mains de l'autre. Sous les doigts de l'autre qui vous parcourent, toutes les parts invisibles de votre corps se mettent à exister, contre les lèvres de l'autre les vôtres deviennent sensibles, devant ses yeux mi-clos votre visage acquiert une certitude, il y a un regard enfin pour voir vos paupières fermées. L'amour, lui aussi, comme le miroir et comme la mort, apaise l'utopie de votre corps, il la fait taire, il la calme, il l'enferme comme dans une boîte, il la clôt et il la scelle. C'est pourquoi il est si proche parent de l'illusion du miroir et de la menace de la mort; et si malgré ces deux figures périlleuses qui l'entourent, on aime tant faire l'amour, c'est parce que dans l'amour le corps est ici.

Daniel Defert
Raum zum Hören

Schreiben, reden, in den politischen Raum eingreifen, das ist seit ihrer Begründung durch die Griechen die kanonische Form philosophischer Arbeit. Drei Tätigkeiten, die Michel Foucaults Leben nahezu restlos ausfüllten.

Doch die Besonderheit, die intellektuelle, emotionale und soziale Wirksamkeit dieser drei Aktivitäten beginnt nachzulassen, wenn nach dem Tod das Buch zum einzigen Vehikel für die Sammlung und Weitergabe jeglicher Spuren wird – ein Vehikel, das mit dem geschriebenen Werk identisch ist.

Diese Gefahr war uns bewusst, als wir 1994 die *Dits et Écrits* herausgaben, die 302 Texte aus ihrem vergänglichen Kontext herauslösen. Und sie ist uns auch weiterhin bewusst bei der noch laufenden Publikation der Vorlesungen, die er am Collège de France gehalten hat. Foucaults gesprochenes Werk, in dem er die meisten seiner Bücher erarbeitete, kann man für eine gewisse Zeit, die jedoch immer weiter abläuft, wenn man einmal von dem im Institut national de l'audiovisuel (INA) archivierten Teil absieht, auf zahlreichen privat mitgeschnittenen oder kopierten Kassetten hören. Dort findet man noch das Zögern und den Jubel eines in seiner Formulierung begriffenen Denkens, auch wenn in der Regel ein hastig aufs Papier geworfenes Konzept bereits für eine gewisse Strenge sorgte.

»In Buchform gegossen, spricht Philosophie den Menschen nicht mehr an«, vermerkte Merleau-Ponty in seiner *Éloge de la philosophie*.[1]

In den beiden Vorträgen, die Foucault am 7. und 16. Dezember 1966 auf France-Culture hielt, und vor allem in dem zweiten, der als »Vortrag über die Heterotopien« bekannt wurde, haben wir die Geschichte einer wirklichen Ansprache.

Denn der Architekt Ionel Schein, eine wichtige Figur der französischen Architektur in der zweiten Hälfte des 20. Jahrhunderts, hörte sich den Vortrag an diesem 7. Dezember 1966 aufmerksam an und sorgte für seine erstaunliche internationale Karriere.

Die von Michel Foucault als neue Wissenschaft ins Leben gerufene Heterotopologie hat inzwischen ihren Lehrstuhl an der University of California in Los Angeles, den der amerikanische Geograph und Stadtplaner Edward Soja einrichtete. Außerdem diente sie der Internationalen Bauausstellung in Berlin als Leitfaden, als die Städtebauer dort 1984 über die Erneuerung und – warum nicht? – über die Wiedervereinigung der Stadt nachzudenken hatten. Mit Foucaults Einverständnis publizierten sie den Text in gedruckter Form wenige Monate vor seinem Tod. So gelangte er noch zu seinen Lebzeiten in das geschriebene Werk, zumindest in einer gesetzteren Fassung, die er 1967 erstellte[2] – wir werden noch sehen, warum.

1 M. Merleau-Ponty, *Éloge de la philosophie*, Paris 1953.

2 M. Foucault, »Des espaces autres«, in: *Architecture, Mouvement, Continuité*, Nr. 5, Oktober 1984, S. 16-49; wiederabgedruckt in: *Dits*

»Wie war es möglich, dass dieser Text zwanzig Jahre lang ungenutzt blieb? Wie war es möglich, dass man die neue Bedeutung des Raumes und der Räumlichkeit nicht erkannte?«, wunderte sich Edward Soja.[1]

Die seltsame Geschichte dieser chaotischen Rezeption einer Radiosendung möchte ich hier erzählen.

Die Vorträge vom 7. und 21. Dezember 1966 waren Teil einer von Robert Valette für France-Culture produzierten Vortragsreihe über Utopie und Literatur. Seit der *Histoire de la folie* [1961, dt. *Wahnsinn und Gesellschaft*] hatte Foucault schon häufiger für den Kulturkanal gearbeitet. Im INA finden sich gut fünfzig Aufzeichnungen von Sendungen, an denen Foucault beteiligt war.

Doch in diesem Fall debattiert er nicht mit Kollegen, kommentiert keine bekannten Texte und spricht auch nicht über seine Bücher. In der Ursendung wurden zwar Zitate eingeblendet, die von Schauspielern gesprochen wurden, doch das tat man nur, um die vorgegebene Zeit einzuhalten und dem Titel der Reihe gerecht zu werden. Wir haben es mit einem echten Radiowerk Foucaults zu tun, wahrscheinlich dem einzigen. Benutzte er als Leitfaden ein Manuskript? Wahrscheinlich ja, doch wie bei seinen Vorlesungen am Collège de France ging die strenge schriftliche Vorbereitung ins Gedächtnis ein und wurde

et Écrits, Paris 1994, Bd. IV, Nr. 360; dt. *Schriften in vier Bänden. Dits et Écrits*, Frankfurt am Main 2001-2005, Bd. IV, S. 931-942.

1 Ed. Soja, *Thirdspace, Journeys to Los Angeles and Other Real and Imagined Places*, 1996.

dann vergessen. Ein Teil der schöpferischen Leistung war dann eine Sache des Augenblicks.
Waren die Radiovorträge für ihn ein Spiel der Intelligenz und der Fantasie, ein reines Vergnügen? Vielleicht. Und vielleicht ist auch so zu erklären, dass er diese Vorträge scheinbar so lange vergaß und ihre langsame Rückkehr in sein Werk gleichsam über seine eigene Rezeption erfolgte.
Dennoch bilden die Hauptthemen seiner Einbildungskraft wie auch seiner Philosophie die Substanz dieser Vorträge. Der Raum eher noch als die Zeit, obwohl doch seit Kant ein Philosoph eher über die Zeit nachzudenken hatte. Man denke nur an Hegel, Bergson und Heidegger.
Und der Körper, dessen Darstellung im zweiten Vortrag in völligem Bruch mit dem Leib der Phänomenologen von Husserl bis Merleau-Ponty erfolgt, der als Organismus mit der Welt durch ursprüngliche Bedeutungen verbunden ist, die sich aus der Wahrnehmung der Dinge ergeben, während der Foucault'sche Körper, der etwa ab 1975 immer größere Bedeutung in seinem Denken erlangt, sich unablässig unterwirft, historisiert, erotisiert, entsexualisiert und Widerstand leistet. Nicht mehr als Grundlage eines In-der-Welt-Seins, sondern als historische Konstruktion von Machtbeziehungen, die so bedeutsam für das Verständnis der Entwicklung der *Gender and Queer Studies* in den achtziger Jahren werden sollten.
Und dann die Zeit, deren Foucault'sches Verständnis nach dem Erscheinen von *Les Mots et les choses* [*Die Ordnung*

der Dinge] im Jahr 1966 auf völliges Unverständnis stieß. Die Diskontinuität heterogener Zeitlichkeiten nach dem Vorbild Nietzsches wird hier vollkommen deutlich.

Und schließlich die Fiktion, deren Aufgabe nicht darin besteht, das Unsichtbare sichtbar zu machen, »sondern zu zeigen, wie unsichtbar die Unsichtbarkeit des Sichtbaren ist. Daher rührt ihre tiefe Verwandtschaft mit dem Raum.«[1]

»Erinnerst du dich noch an das Telegramm, über das wir so gelacht haben, von einem Architekten, der ein ganz neues Konzept des Städtebaus zu erkennen glaubte? Aber nicht in dem kleinen Buch, sondern in einem Radiovortrag über die Utopie. Sie haben mich gefragt, ob sie ihn am 13. und 14. März wiederholen dürfen.«

Dieser am 2. März 1967 in Sidi Bou Said geschriebene Brief ist das älteste Zeugnis für die durch den Vortrag vermittelte Begegnung Foucaults mit der Welt der Architekten. Vielleicht war er enttäuscht, dass der Vortrag und nicht sein einige Monate zuvor erschienenes Buch über *Les Mots et les choses* diese Aufmerksamkeit erregte. Eigentlich hatte Foucault erwartet, dass sein »kleines Buch« zu Brüchen im Denken führte.

Und diese Brüche waren so lautstark, jedenfalls bis zu dem Getöse von 1968, dass Foucault vor dem Lärm des Ruhms und der Polemik in die helle Heiterkeit des Dorfes

1 M. Foucault, »La pensée du dehors«, in: *Critique*, Nr. 229, Juni 1966, S. 523-546; wiederabgedr. in: *Dits et Écrits*, Bd. 1, Nr. 38, dt. »Das Denken des Außen«, in: *Schriften*, Bd. I, a. a. O., S. 670-697.

Sidi Bou Said floh. Eine gelebte Heterotopie. Doch tatsächlich hatte er in seinem Buch zum ersten Mal über Heterotopien gesprochen.

Das Buch beginnt mit der Beschreibung einer unwahrscheinlichen, von Borges erfundenen chinesischen Enzyklopädie, in der die Tiere in vierzehn Klassen folgender Art eingeteilt wurden: »a) Tiere, die dem Kaiser gehören, b) einbalsamierte Tiere, c) gezähmte ..., k) die mit einem ganz feinen Pinsel aus Kamelhaar gezeichnet sind, l) und so weiter, m) die den Wasserkrug zerbrochen haben ...« Diese »Unordnung, die die Bruchstücke einer großen Zahl möglicher Ordnungen ... aufleuchten läßt«, bezeichnete Foucault als *Heterotopie*. Das Wort ist keine Neubildung, denn es besitzt bereits eine medizinische Bedeutung. In der pathologischen Anatomie bezeichnet es eine anomale Lage von Zellen. Foucault stellte es in einen Gegensatz zu »Utopie«, das etymologisch nicht »guter Ort« (Eutopie), sondern Nichtort bedeutet. Da Utopien von einem Ort berichten, den es nicht gibt, entfalten sie sich in einem imaginären Raum und bleiben ganz auf der »Linie der Sprache«, denn seit Anbeginn der Zeiten kreuzen Sprache und Raum einander. Die von Borges erfundene Liste wirft die Wörter dagegen auf sich selbst zurück, weil Heterotopien »im voraus die Syntax zerstören, und nicht nur die, die die Sätze konstruiert, sondern die weniger manifeste, die Wörter und Sachen ... ›zusammenhalten‹ läßt«.[1]

1 M. Foucault, *Les Mots et les choses*, Paris 1966, dt. *Die Ordnung der Dinge*, Frankfurt am Main 1971, S. 20.

Die Unmöglichkeit, die radikale Verschiedenartigkeit der von Borges vorgestellten Klassifikation zu denken, zeugt von einer Grenze des Denkens. Auf diese Grenze stößt man auch in Klassifikationen völlig fremder Kulturen, etwa bei den von Victor Turner beschriebenen Ndembu in Sambia, die Jäger, Witwen, Kranke und Krieger in ein und derselben Klasse zusammenfassen.

Er beschreibt ein System aus Analogien zwischen symbolischen Eigenschaften, deren Verknüpfungen wir uns schon auf einem Blatt Papier aufzeichnen müssten, wenn wir das System oder die »Ähnlichkeitsräume« verstehen wollten. Unser Denken ist auf solch einen »Ordnungsraum«, solch eine »Mittelzone« angewiesen, die Foucault als archäologisch beschreibt, weil sie unterhalb unserer Wahrnehmung, unseres Diskurses und unseres Wissens liegen, in denen Sichtbares und Sagbares miteinander verknüpft sind.

Daher sind Utopie und Heterotopie zwei Diskursmodalitäten, die der gewöhnlichen Erfahrung widersprechen. Die Utopie entfaltet sich an einem Nichtort des Raumes, die Heterotopie an einem Nichtort der Sprache.

In seinem Radiovortrag vom 7. Dezember 1966 gebraucht Foucault den Begriff der Heterotopie ganz anders. Zunächst einmal resultiert er nicht aus einer Analyse von Diskursen, sondern von Räumen. So verschiedenartige Orte wie der Spiegel, der Friedhof, das Freudenhaus oder die polynesischen Feriendörfer in Djerba gehören zur selben Raumzeit-Kategorie, die so flüchtig und einzigartig sein kann wie die Raumzeit der Hochzeitsreise oder im Gegenteil eine Ansammlung von Zeitlichkeiten wie Bibliothek oder Museum.

Gemeinsam ist diesen raumzeitlichen Einheiten, dass sie Orte sind, an denen ich bin und nicht bin wie im Spiegel und auf dem Friedhof, oder an denen ich ein anderer bin, wie etwa im Freudenhaus, im Feriendorf oder auf einem Fest. Sie ritualisieren und lokalisieren Klüfte, Schwellen und Abweichungen.

Nicht alle menschlichen Normen lassen sich universalisieren. Die der Disziplinierung der Arbeit und die der Verwandlung durch das Fest passen nicht zum linearen Charakter ein und desselben Raumes oder ein und derselben Zeit. Es bedarf einer starken Ritualisierung der Brüche, Schwellen und Krisen. Doch diese Gegenräume und all die anderen Räume, die sie in Frage stellen, durchdringen sich gegenseitig. Der Spiegel, in dem ich nicht bin, spiegelt die Umgebung, in der ich bin. Der Friedhof ist ebenso geplant wie die Stadt. Die Räume strahlen aufeinander aus, und dennoch gibt es Diskontinuitäten und Brüche. Auch wenn ihre Formen nicht universell sind, so gilt das doch wenigstens für ihre Existenz. Sie sind in eine spezielle Synchronie und Diachronie eingebunden, die sie zu einem System machen, das innerhalb der Architektursysteme Bedeutung hat. Sie sind nicht Ausdruck der Gesellschaftsstruktur oder eines sozialhistorischen Systems oder einer Ideologie, sondern von Brüchen des alltäglichen Lebens, der Vorstellungswelten, der polyphonen

Darstellungen des Lebens, des Todes und der Liebe, von Eros und Thanatos.

Die Heterotopologie präsentierte sich als eine Wissenschaft, die 1966 noch ganz neu und erst im Entstehen begriffen war. So jedenfalls verstand es am 7. Dezember 1966 der Architekt Ionel Schein, als er die Sendung hörte.

Utopien und Heterotopien

Die Seele des Cercle d'études architecturales waren in den 60er Jahren dessen Vorsitzender Jean Dubuisson, Architekt des Musée des Arts et Traditions populaires im Bois de Boulogne, und Ionel Schein, der die Vortragsredner gewann, die in den Boulevard Raspail Nr. 38 eingeladen wurden. Es war einer der wenigen Architektenzirkel, der keine berufsständische Interessenvertretung darstellte, sondern der Reflexion über die Architektur diente, und Ionel Schein genoss in den 50er und 60er Jahren den Ruf eines Agitators für »radikale Ideen in der Architektur«. Nach Angaben von Jean Dubuisson war er es, der Foucault 1967 einlud. Die Vorträge wurden mitstenografiert, getippt und den Mitgliedern des Kreises zur Verfügung gestellt. Veröffentlicht wurden sie nicht. Pierre Riboulet – Architekt des Hôpital Robert Debré – erinnert sich an die anschließende Debatte über Bachelard, »den wir alle geplündert haben«, wie Foucault damals erklärte. Der Philosoph habe seine Vorstellungen mit großer Zurückhaltung vorgetragen und betont, er verstehe nichts von der Tätigkeit des Architekten. Die Verweise stammen aus der Wissenschaftsgeschichte (Koyré, Bachelard), der Literaturkritik (J. P. Richard, Blanchot), der existenziellen Psychoanalyse (Binswanger), sämtlich Themengebiete, auf denen Foucault bereits seine »Obsessionen für den Raum« entfaltet hatte. Obsessionen, die damals die Linke ganz erheblich irritierten.

Im selben Jahr 1967 ließ Jean-Luc Godard die Heldin seines Films *La Chinoise*, eine prochinesische Studentin, die von Anne Wiazernski gespielt wurde, Tomaten auf ein Exemplar von *Les Mots et les choses* werfen, weil dieses Buch wegen der abrupten Brüche des Denkens in der Zeit für eine Negation der Geschichte und damit für die Negation der Möglichkeit einer Revolution stand.

Die Vorstellungen des Cercle d'études architecturales waren stark geprägt von Le Corbusier und dem Bauhaus, von der Rationalisierung der Formen und der »Lesbarkeit« des städtischen Raumes im Sinne eines aus Räumen und Bauwerken gebildeten Textes. Ein fortschrittlicher, humanistischer Städtebau, der sich an der Charta von Athen und zunehmender Rationalität orientierte, oder ein kulturalistischer Städtebau, der mit nostalgischen Gefühlen auf die Harmonie der Städte in der Vergangenheit schaut, so lauteten die »Leitgedanken der städtebaulichen Vernunft«, an deren Probleme Françoise Chouay in ihrem Buch *Urbanisme, utopie et réalités* erinnert.[1]

1 F. Choay, *Urbanisme, utopie et realités*, Paris 1965.

Wenn die Kunst des Barock nach Pevsner einst dem Übernatürlichen greifbare Gestalt verliehen hatte, so wurde nach 1968 im städtischen Raum plötzlich der Kapitalismus greifbar. Die baulichen Grenzen zwischen den Klassen, den Geschlechtern und den Generationen waren nun das Ungedachte des Kapitals. Die Räume als solche verschwanden unter der Sichtbarkeit der sozialen Beziehungen, aus denen sie hervorgegangen waren. Im kritischen Diskurs zeichnete sich der Traum eines Raumes ab, der nicht mehr vom Kapital geprägt sein sollte, so wie einst Thomas Morus sich in seiner *Utopia* vorgestellt hatte,[1] welcher Art das soziale Band sein mochte, wenn man das Geld aus den sozialen Beziehungen herausnahm. Der Diskurs der Architektur und des Städtebaus der 70er Jahre entfaltete sich in der Utopie.

In dieser allgemeinen Leidenschaft für eine Problematisierung des städtischen Raumes wird Foucault 1972 eingeladen, sich an den Arbeiten des Centre d'études, de recherches et de formation institutionelle (Cerfi) zu beteiligen, dessen *spiritus rector*, der Psychiater Félix Guattari, gerade zusammen mit Gilles Deleuze den *Anti-Ödipus* publiziert hat. Mit dem Cerfi und in seinem Seminar am Collège de France erstellte Foucault eine Genealogie der kollektiven Ausrüstung. Dabei trat der Ausdruck »kollektive Ausrüstung« an die Stelle des Begriffs der »Heilmaschine«, den der Mediziner Tenon im 18. Jahrhundert als

1 Th. Morus, *Utopia*, Löwen 1516.

Idealvorstellung eines modernen Krankenhauses vorgeschlagen hatte.

»Die Krankenhausarchitektur«, schrieb Tenon damals,[1] »kann nicht länger eine Sache der Routine oder bloßen Herumtastens sein.« Sie soll durch die Anordnung der Räume und Betten sowie durch die Lenkung der Luftzirkulation Ansteckung verhindern, sie soll die Absonderung der Kranken untereinander und die Überwachung der Kranken wie auch des Personals ermöglichen, sie soll der Hierarchie des ärztlichen Blicks Ausdruck verleihen und die Bedürfnisse der Bevölkerung berücksichtigen. »Nicht das Gleichmaß der Linienführung, sondern die richtige bauliche Gestaltung fördert den Heilprozess.« Das Modell muss vollkommen, endgültig und wiederholbar sein. Nichts daran soll mehr verändert werden müssen. Über die richtige bauliche Gestaltung entscheiden, wie Bruno Fortier anmerkt,[2] nicht ästhetische Vorbilder, sondern Überlegungen zu diversen klimatischen, demographischen, statistischen, medizinischen, disziplinorientierten Fragen, die alle ihren eigenen Entstehungsort, ihre Nationalität und Förderer besitzen und diversen taktischen Bedürfnissen entsprechen: Techniken der Überwachung, der Produktion von Wissen, der Machtausübung, der Medizinisierung und der Volksgesundheit. Sie lassen

1 J. R. Tenon, *Mémoires sur les hôpitaux de Paris*, Paris 1778.

2 M. Foucault, B. Barret-Kriegel, A. Thalamy, F. Beguin, B. Fortier, *Les machines à guérir: aux origines de l'hôpital moderne*, Paris 1976 und Brüssel 1979.

sich nicht als analoge oder endlos wiederholte Segmente eines einzigen Textes beschreiben, der auf ein und denselben mythischen Autor zurückgeht: das Kapital.
Natürlich nutzt die Heilmaschine auch Überwachungstaktiken, die anderswo unter anderen baulichen Formen wie Schulen oder Kasernen entwickelt worden sind, Taktiken und Formen, die der Entstehung der kapitalistischen Arbeitsorganisation und dann auch der riesigen Archipele des sibirischen Sozialismus förderlich waren. Denn wir haben es hier im Grunde weder mit baulichen Formen noch mit Produktionsweisen zu tun, sondern mit Machttechnologien. Bei der Erforschung dieser ihren Zielsetzungen so gut angepassten »Maschinenarchitektur« sollte Foucault wiederentdecken, was bald zum Paradigma seines Werkes wurde: Benthams Panopticon.

Macht, Wissen, Raum

Nach dem Erscheinen von *Surveiller et punir* [*Überwachen und Strafen*] und dessen rascher internationaler Verbreitung erfuhren die Foucault'schen Analysen des Raumes als Ort einer zweifachen Verknüpfung der Macht über den Körper des Einzelnen und des Wissens mit der Macht neue Beachtung. Vor allem in Italien und Großbritannien erschienen mehrere Studien zur Überwachungsarchitektur. Ganz allgemein begannen Stadtsoziologen und Stadtplaner, sich auf Foucault zu beziehen. A. Leaman schrieb in *Environment and Planning*, für Stadtplaner und Architekten sei Foucaults Werk wichtig wegen seiner Analyse der normativen Eigenschaften von Bauwerken und Institutionen.[1] Und Sharon Zukin meinte, die Stadt sei nun auch Gegenstand von Analysen der Machtökonomie nach der in *Surveiller et punir* entwickelten Methode.[2]

Das war der Kontext, in dem nun die Heterotopien wieder auftauchten. In Venedig publizierte die Architekturschule 1977 die erste Studie über die mögliche Anwendung des Begriffs in einer Geschichte der Räume. Das Buch mit dem Titel *Il dispositivo Foucault* versammelt Aufsätze von M. Cacciari, F. Rella, M. Tafuri und G. Teyssot, den Umschlag ziert die Reproduktion eines panoptischen Entwurfs für ein englisches Spital.[3] Die Autoren beziehen sich hauptsächlich auf *Surveiller et punir* und, mit Ausnahme von Teyssot, der den Vortrag in Paris gehört hat, auf eine Sammlung von Texten Foucaults über die Macht, die im selben Jahr unter dem Titel *Microfisica del potere* bei Einaudi erschienen war.[4] Das Buch entfaltete sogleich beträchtliche politische Wirkung, die noch verstärkt wurde durch das gleichzeitige Erschei-

1 A. Leaman, *Environment and Planning*, Nr. 11, 1979, S. 10, 79-82.

2 Sh. Zukin, »A decade of new urban sociology«, in: *Theory and Society*, Nr. 9, 1980, S. 575-601.

3 M. Cacciari, F. Rella, M. Tafuri, G. Teyssot, *Il dispositivo Foucault*, Venedig 1977.

4 M. Foucault, *Microfisica del potere*, hg. von A. Fontana und P. Pasquino, Turin 1977.

nen der Übersetzung des *Rhizome* von Deleuze und Guattari. Beide Bücher wurden zur theoretisch-politischen Grundlage der so genannten Autonomiebewegung. Um diesen politischen Einfluss, den die Italiener *l'effeto Foucault* nannten, ging es in *Il dispositivo Foucault*.

Die von F. Rella geschriebene Einleitung des Bandes macht aus Foucaults Analysen der vielfältigen Machtbeziehungen eine »Metaphysik der Macht«, einer abstrakten, immateriellen, überall und politisch darum nirgendwo anzutreffenden Macht: »Die einzige Geschichte der Machtformen ist eine Geschichte der Räume, in denen Macht sich zeigt.« Und im Blick auf Teyssots Aufsatz als seiner einzigen Quelle zur Kenntnis der Heterotopien schreibt Rella: »Der Nichtort der Macht liegt im Zentrum einer Unzahl heterotoper Lokalisierungen.«

Danach wäre die Heterotopie bei Foucault eine »zentrale Gegebenheit« und die Heterotopologie die Phänomenologie der anarchischen Zerstreuung von Macht. Die daraus zu ziehende Schlussfolgerung liegt auf der Hand: »Man kämpft nicht mehr gegen die Macht, die sich nun in Myriaden von Lokalisierungen [oder Dispositiven] zerstreut hat, sondern gegen die Tyrannei der globalisierenden Theorien.« Und worum es sich bei diesen globalisierenden Theorien handelt, erläutert Rella in einer Fußnote: *l'effeto Marx*.

Gegen Rellas Interpretation kann man natürlich einwenden, dass Foucault das Panopticon, in seinen Augen die paradigmatische Verbindung zwischen Raum und Macht, niemals als Heterotopie beschrieben hat. Paradoxerweise bezieht sich Teyssots Aufsatz »Eterotopia e storia degli spazi«,[1] der einzige in der Sammlung, der sich mit den Heterotopien befasst, nicht auf eine am Machtbegriff orientierte Analyse, sondern auf die Untersuchung der in *Les Mots et les choses* theoretisch abgehandelten Diskontinuitäten. Teyssot nimmt drei zentrale Operationen vor, die aber auf verschiedenen Ebenen ansetzen:

1. Er stellt Foucaults bis dahin noch nie kommentierte Ausführungen über die Heterotopien in den Rahmen eines allgemeinen Problems des Raumes.
2. Er destilliert aus den im Umfeld Foucaults entstandenen Arbeiten über Heilmaschinen und Lebensraum eine allgemeine Aussage über den Raum, die zur herrschenden Lehre der 80er Jahre wird.
3. Er extrahiert aus der Foucault'schen Methode eine Epistemologie für die Architektur.

Teyssot geht zwar aus von der 1967 vorgetragenen topologischen Definition der Heterotopien als »Gegenorte ..., in denen die realen Orte, all die anderen realen Orte, die man in der Kultur finden kann, zugleich repräsentiert, in Frage gestellt und ins Gegenteil verkehrt werden«, doch dann benutzt er den Begriff erstaunlicherweise in dem taxonomischen Sinne, der sich im Vorwort zu *Les*

1 G. Teyssot, »Eterotopia e storia degli spazzi«, in: M. Cacciari u. a., *Il dispositivo Foucault*, a. a. O., S. 83-86; engl. »Heterotopies and the history of spaces«, in: *Architecture and Urbanism*, Nr. 121, 1980, S. 79-100.

Mots et les choses findet. Er kommentiert nicht den Vortrag von 1967, sondern belegt den analytischen Wert des Begriffs, indem er ihn auf das von dem Historiker J. C. Perrot beschriebene Projekt eines Spitals aus dem 18. Jahrhundert anwendet.[1]

Der Grundriss dieses Spitals verteilt auf acht gitterförmig angeordnete Flügel acht Klassen von Insassen, die ebenso heterogen sind wie die Tiergruppen in der von Borges beschriebenen Enzyklopädie: a) Gefangene, die auf Antrag ihrer Familie einsitzen; b) Irre, Gefangene, die durch königlichen Erlass einsitzen; c) arme und legitime Kinder von zwei bis neun Jahren, Greise, Bettler, geschlechtskranke Prostituierte; d) Bastardkinder über neun Jahren; usw. Der zusammengewürfelte Inhalt bestimmt hier die Architektur als Heterotopie und nicht die Vielzahl der qualitativen und symbolischen Gegensätze zu den anderen Räumen, die erst durch deren Funktionen, Formen und Brüche hervortreten.

Der Gebrauch, den Teyssot von der Heterotopie macht, bringt keineswegs die tiefgreifende Prägung des gesamten menschlichen Daseins durch die Räumlichkeit zum Ausdruck: den heterogenen und diskontinuierlichen Charakter der erlebten Zeit, die Schwellen des Lebens, die biologisch begründeten Krisen (Initiation, Pubertät, Defloration). Die Verräumlichung der Subjektivität in all ihren Formen, vom Bordell bis hin zur Sauna, und durchaus

1 J. C. Perrot, *Genèse d'une ville moderne, Caen au XVIIIè siècle*, Paris 1975.

nicht nur die in der Charta von Athen genannten Hauptfunktionen haben sich in allen Kulturen Räumen aufgeprägt, die untereinander nicht in einem Teilungsverhältnis nach Art der Unterteilung in Innen und Außen, Rand und Zentrum oder öffentlich und privat stehen, sondern in einem formalen Wechselspiel der Differenzierung und Spiegelung, die insgesamt dem Bereich der Kommunikation zuzuordnen sind. Sowohl Rella, der Foucaults Raum in einer globalisierenden Konzeption zum neutralen, stetigen Behälter von Machtheterotopien macht, als auch Teyssot, der die Heterotopie in einer lokalisierenden Konzeption zu einer baulichen Verknüpfung zusammenhangloser Teile der Welt macht, verfehlen die dritte Dimension, die Fähigkeit des Raumes, sich auf sich selbst zu beziehen, in einem formalen und symbolischen Wechselspiel aus Negation und Spiegelung, in einer Fragmentierung, die keine Segmentarisierung darstellt, jenem *Thirding*, das E. Soja theoretisch als »the Thirding as othering« fasst.

Jedenfalls schließt Teyssot mit den Worten: »Wir müssen diese zeitliche Diskontinuität im Auge behalten, wenn wir die diskontinuierliche Strukturierung des modernen Raumes verstehen wollen.« Diese Lektion beherzigten die Stadtplaner und Architekten der Internationalen Bauausstellung in Berlin 1984 in ihrer großen Ausstellung im Martin-Gropius-Bau.

Im Juli 1976 kam Foucault erstmals auf seinen Vortrag aus dem Jahr 1967 zurück, und zwar in einem Gespräch über

Benthams Panopticon, das 1977 veröffentlicht wurde.[1] »Man müsste eine ganze Geschichte der Räume schreiben – die zugleich eine Geschichte der Mächte wäre –, von den großen Strategien der Geopolitik bis zu kleinen Taktiken des Wohnens, der institutionellen Architektur, dem Klassenzimmer oder der Krankenhausorganisation und dazwischen den ökonomisch-politischen Einpflanzungen. Es überrascht, wenn man sieht, welch lange Zeit das Problem der Räume gebraucht hat, um als historisch-politisches Problem aufzutauchen ... Ich erinnere mich, vor rund zehn Jahren über diese Probleme der Räume gesprochen und darauf zur Antwort erhalten zu haben, dass es ziemlich reaktionär sei, so sehr auf dem Problem des Raumes zu beharren, dass doch die Zeit und der Entwurf das Leben und der Fortschritt wären.«

In einem weiteren Gespräch, das 1982 in der amerikanischen Architekturzeitschrift *Skyline* erschien,[2] erinnerte der Philosoph an seine Obsession für den Raum, »über die ich zu den Dingen gelangt bin, die fundamental für mich sind, nämlich die möglichen Beziehungen zwischen Macht und Wissen«. Architektur und Städtebau seien keine isolierbaren Felder. »Sie vermischen sich mit zahlrei-

1 J. Bentham, *Panopticon: or, the Inspection-house*, Dublin 1791; »L'œil du pouvoir«, in: J. Bentham, *Le Panoptique*, Paris 1977; Vgl. auch M. Foucault, *Dits et Écrits*, Bd. 3, Nr. 195; dt. *Schriften*, Bd. III, a. a. O., S. 250-271.

2 M. Foucault, »Space, Power, Knowledge – interview with Paul Rabinow«, in: *Skyline*, März 1982, S. 16-20; *Dits et Écrits*, Bd. IV, Nr. 310; dt. *Schriften*, Bd. IV, a. a. O., S. 324-341.

chen Praktiken und Diskursen, doch der Raum ist der privilegierte Ort, wenn wir verstehen wollen, wie Macht funktioniert.«

Umgekehrt verbannt Foucault aus der Praxis des Architekten jegliche utopische Hoffnung. »Die Menschen träumen von Befreiungsmaschinen. Aber es kann *per definitionem* keine Freiheitsmaschinen geben. Ich glaube nicht, dass die Struktur von Dingen Freiheit zu garantieren vermag. Freiheit ist Praxis. Keine Funktionsweise ist an sich befreiend. Freiheit muss ausgeübt werden. Nur Freiheit garantiert Freiheit.«

Als Herr seines politischen und epistemologischen Diskurses über den Raum erinnert Foucault nun an sein weit zurückliegendes Konzept der Heterotopie: »Nebenbei bemerkt, 1966 [sic] lud eine Gruppe von Architekten mich zu einer Studie über den Raum ein. Es ging um ›Heterotopien‹, wie ich das damals genannt habe, um spezielle Räume innerhalb mancher sozialer Räume, die eine andere Funktion haben als die übrigen Räume und gelegentlich sogar genau entgegengesetzte Funktionen. Die Architekten arbeiteten an diesem Projekt, und gegen Ende ergriff einer von ihnen – ein Psychologe Sartre'scher Prägung – das Wort und bombardierte mich mit Äußerungen der Art, dass der Raum reaktionär und kapitalistisch, Geschichte und Werden dagegen revolutionär sei. Damals waren absurde Diskussionen dieser Art keine Seltenheit. Heute würde jeder sich vor Lachen biegen, wenn er so etwas hörte, aber damals nicht.«

Man kann nur staunen über diese langwierige Anamnese, die in zwei Stufen erfolgte: 1976 kehrt zunächst der 1967 vorgetragene politische Einwand zurück und 1982 dann das eigentliche Konzept der Heterotopie. 1984 schließlich konnte Foucault der Wiederverwendung des Vortrags durch das Institut für Städtebau in Berlin zustimmen. Die beiden Organisatoren der Ausstellung, der Deutsche Johannes Gachnang und der Italiener Marco de Michelis, kannten den Text aus einer Teilveröffentlichung 1968 in der Zeitschrift *Architettura*. Er entsprach auf sonderbare Weise der Strategie der Internationalen Bauausstellung, wie sie von einem der Verantwortlichen, J.-P. Kleishues,[1] formuliert worden war: Dort ging es darum, »die Idee einer Stadt aus Fragmenten umzusetzen; über Stadtarchitektur zu sprechen, ohne zuvor einen städtebaulichen Gesamtplan zu erstellen; die historische Vielfalt und Topographie Berlins zu respektieren; die Zusammensetzung der Stadt aus Inseln zu denken und sogar die Renovierung der Wohnungen in einer dieser Inseln mehreren Architekten zu übertragen«. Kurz gesagt, es ging darum, die Wiedervereinigung Berlins zu antizipieren und zu denken.

1986 erschien die amerikanische Übersetzung, zunächst in der interdisziplinären Zeitschrift der Cornell University *Diacritics*, dann in der Architekturzeitschrift *Lo-*

1 J.-P. Kleishues, »A propos de la ville européenne – entretien avec M. Bourdeau«, in: *AMC*, Nr. 5, Oktober 1984, S. 95-99.

tus.[1] Damit begann eine neue Karriere auf der Grundlage einer qualitativen Interpretation der »anderen Orte«. Diese Karriere bliebe unverständlich ohne die gleichzeitige Übersetzung der Bände II und III der *Histoire de la sexualité*, die Foucault zu einer wichtigen Autorität auf dem Gebiet der in Amerika so genannten »Identitätspolitik« machte. Die Frauenbewegung, die Schwulenbewegung und ethnische Gruppen bildeten ein neues Netzwerk für die Aufnahme und Neubewertung der Heterotopien. Die von Foucault erforschte Geschichte der Subjektivierungsformen durchzieht Texte wie »The spaces that differences make« von dem Stadtplaner Ed Soja,[2] *Gendered Spaces* von der Feministin Daphne Spain,[3] *The New Cultural Politics of Difference* von Cornel West[4] oder auch die Arbeiten des Geographen Derek Gregory[5]. Als der Ort, an dem sie eigentlich entstanden sind, eignet die Literaturwissenschaft sich die Heterotopien mit Brian McHale und Michel de Certeau wieder an.[6] In die Film-

1 M. Foucault, »On the other spaces«, in: *Diacritics*, Nr. 16, Frühjahr 1986.

2 Ed. Soja, »The spaces that differences make«, in: *Place and the Politics of Identity*, hg. von Keith and Pile, New York 1993, S. 183-205.

3 D. Spain, *Gendered Spaces*, Chapel Hill 1992.

4 C. West, »The Dilemma of black intellectuals«, in: B. Hooks und C. West, *Breaking Bread*, Boston 1991.

5 D. Gregory, *Geographical Imagination*, 1966, zit. in Soja, *Thirdspace*, a. a. O.

6 B. McHale, *Postmodernist Fiction*, New York 1988; M. de Certeau, *Heterologies: Discourse on the Other*, Manchester 1988.

wissenschaft halten sie Einzug mit Giuliana Bruno.[1] Ähnliches gilt für die Kunst der Plastik. Bei der Analyse des Raumes kommt niemand mehr an Foucault vorbei, stellt Soja fest.

Bei der Vorstellung der Arbeiten des kubanischen Bildhauers Felix Gonzalez-Torres beschreibt Nancy Spector das Erlebnis eines in Manhattan realisierten »heterotopen Environments«.[2] Auf vierundzwanzig Werbetafeln hatte Gonzalez-Torres dort den Gegenraum plakatiert, den das riesige Schwarzweißfoto der Intimität eines aufgeschlagenen Bettes darstellt. Absolute Entblößung zerknitterter Laken, der leichte Abdruck zweier Köpfe auf zwei eingedrückten Kopfkissen, auf die jeder nach seinem Geschmack den Gedanken an unterbrochenen Schlaf oder an den vollzogenen Liebesakt projizieren mag oder auch eine radikalere Botschaft des Künstlers: Eine Entscheidung des Obersten Gerichtshofs aus dem Jahr 1986 berechtigt die Justiz, Homosexualität in allen Staaten, in denen sie noch verboten ist, auch dann zu verfolgen, wenn sie in beiderseitigem Einverständnis zwischen Erwachsenen erfolgt. Kurz, die Intimität des privaten Raums des Bettes ist in den öffentlichen Raum eingedrungen. Die Gewalt des Privaten innerhalb des öffentlichen Raums könnte nach Spector auch eine intimere Geschichte enthüllen:

1 G. Bruno, »Bodily architectures«, in: *Assemblages*, 19. Dezember 1992.

2 N. Spector, *Felix Gonzales-Torres*, New York 1995.

der leere Abdruck des an Aids gestorbenen Lebensgefährten des Künstlers.

Verstörende Wiederkehr einer Passage des Radiovortrags von 1966, die in der für die Architekten 1967 umgeschriebenen Fassung fehlt und in der der Philosoph als erste Gestalt der Heterotopie das Bett anführte, das Bett der Eltern, in das Kinder gern im lustvollen Wunsch nach Überschreitung und nach Träumereien über den eigenen Ursprung eindringen. So entfaltet die lange Folge der Übertragung des Foucault'schen Textes auf vielfältige soziale Netze und Strategien immer wieder dessen Möglichkeiten und begleitet zugleich die lange Folge der Verwandlungen der sozialen Gestalt seines Autors.

Daniel Defert, Mai 2004

Phonographie

Ende der 80er Jahre hat Fabienne Bulot auf Bitte des Centre Michel Foucault ein umfassendes Verzeichnis aller Radiosendungen von Michel Foucault in der Phonothek des INA (Institut national de l'audiovisuel) erstellt. Dort sind die folgenden Sendungen mit Beteiligung Michel Foucaults archiviert. Angegeben ist jeweils das Sendedatum, die Länge des Beitrags, der Name der jeweiligen Sendung und der Titel des Beitrags, der Sender und die beteiligten Personen.

31. 5. 1961
7'35
Enquêtes et Commentaires
»Histoire de la Folie à l'âge classique«
La Chaîne Nationale
[Gespräch mit Nicole Brisse]

20. 9. 1961
8'10
Enquêtes et Commentaires
»Histoire de la Folie à l'âge classique«
La Chaîne Nationale
[Gespräch mit Pierre Sanahl]

11. 11. 1961
41'
Analyse spectrale de l'Occident
La Chaîne Nationale
[Diskussion mit Louis Althusser, Jean Cazeneuve, Georges Gusdorf et Pierre Sipriot]

16. 12. 1961
43'40
Analyse spectrale de l'Occident
»Raison et Folie«
La Chaîne Nationale
[Gespräch und Debatte mit Henri Baruk et Serge Jouhet]

24. 2. 1962
15'
Analyse spectrale de l'Occident
»Réinventer l'homme«
La Chaîne Nationale
[Gespräch mit Robert Mauzi und Pierre Sipriot]

24. 3. 1962
30'
Analyse spectrale de l'Occident
»Sade ou la dialectique du bien et du mal«
La Chaîne Nationale
[Diskussion mit Robert Mauzi, René de Sollier, Pierre Klossowski et Gilbert Lely]

21. 11. 1962
Photogrammes
Raymond Roussel
La Chaîne Nationale
[Michel Foucault ist hier Autor und Teilnehmer zugleich.]

Januar 1963
Jew. 35′
Analyse spectrale de l'Occident
»L'usage de la parole, les langages de la Folie«
Folge von fünf Sendungen
France Culture
[Michel Foucault ist hier Autor und Teilnehmer zugleich.]

23. 2. 1963
10′
Analyse spectrale de l'Occident
Romantisme et Folie: Sade, Hölderlin, Nietzsche
France Culture
[Gespräch mit Serge Jouhet]

27. 6. 1963
Analyse spectrale de l'Occident
Bilan de l'idée de civilisation
France Culture
[Diskussion mit Louis Althusser, Gusdorf und Jean Cazeneuve]

27. 6. 1963
7′
La Vie des Lettres
Son étude sur Raymond Roussel
France Culture
[Gespräch mit Roger Grenier]

8. 1. 1966
20′
Analyse spectrale de l'Occident
»Nietzsche«
La Folie de Nietzsche
France Culture
[Präsentation von Serge Jouhet]

7. 12. 1966
25′
Culture Française
Essai littéraire de Michel Foucault
Les utopies réelles ou
»Lieux et autres lieux«
France Culture
[*Dieser Beitrag findet sich auf der beiliegenden CD.*]

21. 12. 1966
25′
Culture Française
Essai littéraire de Michel Foucault
Le corps utopique
France Culture

[*Dieser Beitrag findet sich auf der beiliegenden CD.*]

8. 2. 1967
9'
Analyse spectrale de l'Occident: les idées et les jours
»Les Mots et les choses«
France Culture
[Ein in Tunis aufgezeichnetes Interview mit Michel Foucault von Pierre Serra]

8. 5. 1967
Les idées et l'Histoire
France Culture
[Mit Raymond Aron]

10. 1. 1968
21'45
Magazine-actualités
»Les Mots et les choses«,
le structuralisme
France Culture
[Gespräch mit Jean-Marie Auzias]

17. 1. 1968
11'30
A voix haute, à voix basse
Le structuralisme
France Inter
[Gespräch mit Jean-Pierre Elkabbach]

2. 5. 1969
1 h
Les Matinées de France Culture
»L'archéologie du savoir«
France Culture
[Gespräch mit Jean Duvignaud et
Jean-Claude Pecker]

10. und 17. 7. 1969
Les sciences humaines: recherches
actuelles
L'histoire, science des tranformations
France Culture
[Von Raymond Bellour moderierte
Diskussionen mit:
1. Emmanuel Le Roy-Ladurie und
Michel Le Goff
2. Gérard Genette und Michel Serres]

21. 8. 1972
29′
CRPLF
(Communauté Radiophonique
pour la langue Française)
»Le monde asilaire face à la folie«
France Culture pour la France

10. 3. 1975
54′45
Radioscopie
France Inter
[Gespräch mit Jacques Chancel]

22. 6. 1975
11'35
Atelier de Création Radiophonique
Essai et commentaire historiques en companie de Daniel Emilfork, Bernard Marcay, Maria Cabral, Galia
»Mâle sans savoir qu'en faire«
France Culture

7. 10. 1976
27'
Les Chemins de la Connaissance
»Punir ou guérir«
France Culture
[Gespräch mit Claude Nemo]

9. 11. 1976
10'
Après-midi de France Culture
Enquête de Paula Jacques à propos du film de René Allio »Moi, Pierre Rivière ...«
France Culture
[Interview mit Michel Foucault]

11. 1. 1977
28'
Après-midi de France Culture
»La Volonté de savoir« sur la sexualité: les relations entre pouvoir et interdits sexuels
France Culture
[Gespräch mit Paula Jacques]

23. 5. 1977
1 h 40′
Les Lundis de l'Histoire
»Surveiller et punir, surveiller et guérir«
France Culture
[Diskussion mit Michelle Perrot, Jean-Claude Perrot, Bruno Fortier, Arlette Farge und François Stendeler. Moderiert von Roger Chartier]

4. 4. 1978
1 h 15′
Dialogues
»La pudeur«
France Culture
[Aufzeichnung einer öffentlichen Diskussion mit Guy Hocquenghem und Jean Danet]

11. 12. 1978
1 h 30′
Les Lundis de l'Histoire
A propos de l'ouvrage de J. Delumeau »La Peur en occident de XVIIIème siècle«
France Culture
[Diskussion mit Jean Fourastié, Jean Delumeau, Roger Chartier und Jacques Le Goff]

27. 11. 1982
1 h 30′
Les Lundis de l'Histoire
A propos des lettres de cachet
France Culture
[Diskussion mit Arlette Farge, Michelle Perrot und André Bejin]

7. 7. 1988
1′30
Une vie, une œuvre
»Michel Foucault«
Une émission de Christine Goémé
France Culture

3. und 4. 8. 1991
jew. 4 h 45′
Longue Durée
»Michel Foucault et l'art de penser«
France Culture
[Zwei Sendungen von Christine Goémé mit Daniel Defert, Jacques Milner, Piere Macherey, Gérard Lebrun, Raymond Bellour und Danièle Rancière]

16. 1. 1994
1 h 55′
Atelier de Création Radiophonique
»Utopie« – »Force In« – »Hétérotopies«
Sur des textes de Thomas More et Michel Foucault
France Culture

8., 9. und 10. 1. 2002
jew. 1 h 30′
Dits et récits
France Culture
[Drei Sendungen von Christine Goémé
über das Werk von Michel Foucault]

Michel Foucault
im Suhrkamp Verlag
Eine Auswahl

Ästhetik der Existenz. Schriften zur Lebenskunst. Mit einem Nachwort von Martin Saar. stw 1814. 346 Seiten

Analytik der Macht. Ausgewählt und mit einem Nachwort von Thomas Lemke. stw 1759. 349 Seiten

Archäologie des Wissens. Übersetzt von Ulrich Köppen. stw 356. 312 Seiten

Der Mensch ist ein Erfahrungstier. Gespräch mit Ducio Trombadori. Aus dem Französischen von Horst Brühmann. Vorwort von Wilhelm Schmid. stw 1274. 144 Seiten

Die Hauptwerke. Mit einem Nachwort von Axel Honneth und Martin Saar. Quarto. Broschur. 1686 Seiten

Die Heterotopien. Der utopische Körper. Zwei Radiovorträge. Zweisprachige Ausgabe. Aus dem Französischen von Michael Bischoff. stw 2071. 103 Seiten

Die Ordnung der Dinge. Eine Archäologie der Humanwissenschaften. Aus dem Französischen von Ulrich Köppen. stw 96. 480 Seiten

Die Wahrheit und die juristischen Formen. Aus dem Französischen von Michael Bischoff. Mit einem Nachwort von Martin Saar. stw 1645. 192 Seiten

Einführung in Kants Anthropologie. Aus dem Französischen von Ute Frietsch. Mit einem Nachwort von Andrea Hemminger. Broschur. 140 Seiten

NF 116/1/02.14

Geometrie des Verfahrens. Schriften zur Methode. Herausgegeben von Daniel Defert und François Ewald unter Mitarbeit von Jacques Lagrange. Ausgewählt und mit einem Nachwort von Petra Gehring. Aus dem Französischen von Michael Bischoff, Horst Brühmann, Hans-Dieter Gondek u. a. stw 1934. 396 Seiten

Kritik des Regierens. Schriften zur Politik. Herausgegeben von Ulrich Bröckling. stw 1933. 441 Seiten

Psychologie und Geisteskrankheit. Aus dem Französischen von Anneliese Botond. es 272. 132 Seiten

Schriften zur Literatur. Aus dem Französischen von Michael Bischoff, Hans-Dieter Gondek und Hermann Kocyba. Auswahl und Nachwort von Martin Stingelin. stw 1675. 402 Seiten

Schriften. Dits et Ecrits. Herausgegeben von Daniel Defert und François Ewald unter Mitarbeit von Jacques Lagrange. Aus dem Französischen von Michael Bischoff, Hans-Dieter Gondek, Hermann Kocyba, Reiner Ansén und Jürgen Schröder.
Einzeln und im Schuber.
- Band 1. 1954-1969. Gebunden und kartoniert. 1088 Seiten
- Band 2. 1970-1975. Gebunden und kartoniert. 1031 Seiten
- Band 3. 1976-1979. Gebunden und kartoniert. 1028 Seiten
- Band 4. 1980-1988. Mit Gesamtregister. Gebunden und kartoniert. 1129 Seiten

NF 116/2/02.14

Sexualität und Wahrheit
- Band 1. Der Wille zum Wissen. Aus dem Französischen von Ulrich Raulff und Walter Seitter. stw 716. 190 Seiten
- Band 2. Der Gebrauch der Lüste. Aus dem Französischen von Ulrich Raulff und Walter Seitter. stw 717. 327 Seiten
- Band 3. Die Sorge um sich. Aus dem Französischen von Ulrich Raulff und Walter Seitter. stw 718. 316 Seiten

Überwachen und Strafen. Die Geburt des Gefängnisses. Aus dem Französischen von Walter Seitter. Mit Abbildungen. stw 184 und st 2271. 408 Seiten

Vorlesungen am Collège de France
- Über den Willen zum Wissen. (1970-1971). Aus dem Französischen von Michael Bischoff. Gebunden. 394 Seiten
- Die Macht der Psychiatrie. (1973-1974). Aus dem Französischen von Claudia Brede-Konersmann und Jürgen Schröder. Gebunden. 595 Seiten
- Die Anormalen. (1974-1975). Aus dem Französischen von Michaela Ott und Konrad Honsel. Gebunden. stw 1853. 476 Seiten
- In Verteidigung der Gesellschaft. (1975-1976). Aus dem Französischen von Michaela Ott. Gebunden. 313 Seiten. stw 1585. 341 Seiten
- Geschichte der Gouvernementalität I. Sicherheit, Territorium, Bevölkerung. (1977-1978). Aus dem Französischen von Claudia Brede-Konersmann und Jürgen Schröder. stw 1808. 600 Seiten
- Geschichte der Gouvernementalität II. Die Geburt der Biopolitik. (1978-1979). Aus dem Französischen von Jürgen Schröder. stw 1809. 517 Seiten
- Geschichte der Gouvernementalität I und II. (1977-1979). Aus dem Französischen von Jürgen Schröder. stw 1808. 1136 Seiten

NF 116/3/02.14

- Die Regierung der Lebenden. (1979-1980). Aus dem Französischen von Andrea Hemminger. Gebunden. 400 Seiten
- Hermeneutik des Subjekts. (1981-1982). Aus dem Französischen von Ulrike Bokelmann. Gebunden. stw 1935. 694 Seiten
- Die Regierung des Selbst und der anderen. (1982–1983). Aus dem Französischen von Jürgen Schröder. Gebunden. stw 2019. 505 Seiten
- Die Regierung des Selbst und der anderen II. Der Mut zur Wahrheit. (1983-1984). Aus dem Französischen von Jürgen Schröder. Gebunden. stw 2020. 478 Seiten
- Die Regierung des Selbst und der anderen I und II. (1982-1984). Aus dem Französischen von Jürgen Schröder. Broschur. 983 Seiten

Wahnsinn und Gesellschaft. Eine Geschichte des Wahns im Zeitalter der Vernunft. Aus dem Französischen von Ulrich Köppen. stw 39. 576 Seiten

Herculine Barbin/Michel Foucault. Über Hermaphrodismus. Herausgegeben von Wolfgang Schäffner und Joseph Vogl. Aus dem Französischen von Annette Wunschel. es 1733. 247 Seiten

Zu Michel Foucault

Gilles Deleuze. Foucault. Aus dem Französischen von Hermann Kocyba. Kartoniert und stw 1023. 192 Seiten

Wolfgang Detel. Foucault und die klassische Antike. Macht, Moral, Wissen. stw 1362. 359 Seiten

Didier Eribon. Michel Foucault. Eine Biographie. Aus dem Französischen von Hans-Horst Henschen. st 3086. 528 Seiten

NF 116/4/02.14

Foucault und die Künste. Herausgegeben im Auftrag des Zentrums für Kunst- und Medientechnologie von Peter Gente. stw 1667. 338 Seiten

Gouvernementalität der Gegenwart. Studien zur Ökonomisierung des Sozialen. Herausgegeben von Ulrich Bröckling, Susanne Krasmann und Thomas Lemke. stw 1490. 320 Seiten

Thomas Schäfer. Reflektierte Vernunft. Michel Foucaults philosophisches Projekt einer antitotalitären Macht- und Wahrheitskritik. stw 1219. 215 Seiten

Wilhelm Schmid

- Auf der Suche nach einer neuen Lebenskunst. Die Frage nach dem Grund und die Neubegründung der Ethik bei Foucault. stw 1487. 466 Seiten
- Die Geburt der Philosophie im Garten der Lüste. Michel Foucaults Archäologie des platonischen Eros. st 3215. 224 Seiten

Zwischenbilanz einer Rezeption. Frankfurter Foucault-Konferenz 2001. Herausgegeben von Axel Honneth und Martin Saar. stw 1617. 400 Seiten

NF 116/5/02.14